ハイ
コンセプト

「新しいこと」を
考え出す人の時代

ダニエル・ピンク［著］
大前研一［訳］

三笠書房

目次

★訳者解説――これからの日本人にとって必読の教則本　大前研一　9

［はじめに］「専門力」ではない「総合力」の時代！　26

第1部

「ハイ・コンセプト（新しいことを考え出す人）」の時代

1 なぜ、「右脳タイプ」が成功を約束されるのか 34

▼私たちは「どこ」へ向かって走っている？ 34
▼「二つの脳」の驚くべき役割分担 37
▼はじめて明かされた「右脳」の神秘 41
▼いまだまかり通る「とんでもない誤解」 46
▼「細かいこだわり」か「全体像」か 48
▼「人の顔」から一瞬ですべてを読み取る能力 58
▼バランスのとれた「右脳プラス左脳思考」とは 61

2 これからのビジネスマンを脅《おびや》かす「3つの危機」 66

▼原因は「豊かさ、アジア、オートメーション」 66
▼第一の危機——「過剰な豊かさ」がもたらす新しい価値観 69
▼第二の危機——次から次へと湧き出す「競争相手」 78
▼第三の危機——そんな脳では、すべて「代行」されてしまう！ 85
▼この「ジリ貧パターン」からは、医者や弁護士でさえ抜け出せない 93

3 右脳が主役の「ハイ・コンセプト／ハイ・タッチ」時代へ

98
▼「体力頼み」から「左脳の勝負」へ、そしてこれからは—— 98
▼今の仕事をこのまま続けていいか——3つのチェックポイント 102
▼「MBA型」人材か「MFA型」人材か 107
▼ペーパーテストや面接では計りきれない能力 113
▼あなたの「最大のエネルギー」はいつ出るか 117

第2部 この「六つの感性《センス》」があなたの道をひらく

▼これから求められる「六つの感性《センス》」とは？ 122

1 「機能」だけでなく「デザイン」 126

▼「実用性」⟷「有意性」 126
▼これが新しい時代の「教養課程」 130
▼「有名デザイナー製のトイレブラシ」が示している事実 136
▼デザインとはビジネスであり、ビジネスとはデザインである 141
▼未来を「設計」できる人 147

2 「議論」よりは「物語」

「議論」よりは「物語」 166
▼誰でもすぐにタダで検索できる時代の「情報の価値」 166
▼『英雄の旅物語』という永遠不滅の「成功パターン」 171
▼ヒューレット・パッカードも3Mもゼロックスも始めたこと 176
▼「思わず買ってしまうワイン」の秘密 181
▼治療に大きな成果を上げている「物語医学」 186

3 「個別」よりも「全体の調和《シンフォニー》」

「個別」よりも「全体の調和《シンフォニー》」 204
▼バラバラの断片をつなぎ合わせてみる力 204
▼「見たまま」を絵に描く人、「頭の中」を絵にする人 207
▼「これから成功する可能性大」の3タイプ 212
・「境界」を自分で超えていく人 212

・何か「発明」できる人 216
・巧みな「比喩」が作れる人 219
▼「先見の明に優れた人」の共通項 222
▼「全体像」をつかむ能力 227

4 「論理」ではなく「共感」 240

▼まずは1分間、この話を読んでください 240
▼エクマン博士の大実験 245
▼「いつわりの笑顔」と「心の奥底からの笑顔」 251
▼患者の生死を分けた担当医の「話を聞く力」 255
▼「コンセプトの時代」には、〝中性的な思考〟が不可欠 261

5 「まじめ」だけでなく「遊び心」 272

▼「遊び心」があると右脳が活性化する 272
▼米軍が「テレビゲーム」を作ってやらせる意図 277
▼トレンドをつかみ、関連性を描き、全体像を理解する格好の手段 282
▼「心の知能指数」が高い人は、脳をバランスよく使える 288
▼「笑いクラブ」の実践エクササイズ 295
▼「満足のいく人間関係」が持てる人の習慣 299

6 「モノ」よりも「生きがい」 312

▼私たちを突き動かす「最強のエンジン」 312
▼「仏教」と「科学」が目指している同じゴール 317
▼仕事場にも「精神性」を持ち込んだ企業が伸びる 323

▼「愉快な人生」よりも「良い人生」を 326
▼「迷路」があなたをもっと自由にする 329

[あとがき]
これからの成功者と脱落者を分ける3つの「自問」 346

訳者解説

これからの日本人にとって必読の教則本

大前研一

◎「格差社会」を勝ち抜くための三条件

私は、この本の翻訳を二つ返事で引き受けた。それほどこの本は、これからの日本人にとって大きな意味があるからだ。

二一世紀にまともな給料をもらって、良い生活をしようと思った時に何が必要か、何をしなければならないか――本書は、この「一〇〇万ドルの価値がある質問」に初めて真っ正面から答えを示した、アメリカのベストセラーである。

なぜ、この本が現在の日本人にとって非常に重要なのか。

それは、いま話題の「格差社会」という問題に深くかかわっている。

経済のグローバル化によって、中国で生産できるものは中国で、ＩＴなどインドでできるものはインドでというように、少しでも人件費が安くすむ地域へ産業は引っ張られる。それを日本でやろうとなると、月給が五万円とか一〇万円でないと引き合わない。また、国内産業を保護しようとしても貿易立国である以上、ＷＴＯ（世界貿易機関）に準拠しないといけない。日本企業も世界中で生産しているから、安いものがどんどん入ってきて、デフレ傾向に歯止めがかからない。こうして、人件費、すなわち所得は安いほうに強く引っ張られる。

一方、上のほうはといえば、アメリカのプロフェッショナルに引っ張られる。これは非常に給料が高い。たとえば、すごいトレーディング能力を持っている人が、勤めている銀行をやめてゴールドマン・サックスに引き抜かれて行くと、アメリカ並みの高給取りになってしまう。私もマッキンゼーで世界レベルの給料をもらっていたが、今では日本にいても大手コンサルティング事務所では世界標準の高い給料（年俸が億円単位）をもらうのが普通になった。

このように、上のほうはアメリカのプロフェッショナルに引っ張られ、逆に下はインドや中国に引っ張られる。

つまり、人口分布に中低所得層と高所得層という二つのピークがある「Ｍ型社会」になってしまうわけである。

こうして日本は「一億総中流社会」で真ん中に固まっていた時代から、逆に真ん中がだんだん薄くなっていく「Ｍ型社会」へ急速に移っている。

では、そのとき、われわれは何をしたらいいのか。また上に行くためにはどうしたらいいか。

これは、三つのことを考えないといけない。

一つは、「よその国、特に途上国にできること」は避ける。

二つ目は、「コンピュータやロボットにできること」は避ける。

三つ目に、「反復性のあること」も避ける。反復性のあることは、ロボットかコンピュータが必ずやってしまうか、BPO（間接業務のアウトソーシング）されてしまうからだ。

つまり、今後はインドや中国と競争するだけではなく、コンピュータやロボットと競争するような仕事も見込みがない。

要するに、これからは創造性があり、反復性がないこと、つまりイノベーションとか、クリエイティブ、プロデュース、といったキーワードに代表される能力が必要になっていくということである。この本は、その大切な能力の開発、あるいは気づきを述べた極めてタイムリーな本なのである。

◎まさに「第四の波」がわれわれを呑み込もうとしている

私はこの本を訳しながら、まさにわれわれは「第四の波」に呑み込まれようとしている、と実感した。そこで、この本の日本語版のタイトルのことも頭にあったので、世界的ベストセラー『第三の波』を書いたアルビン・トフラーに電話をした。

トフラーは私の会社（株式会社ビジネス・ブレークスルー）にも資本を入れてくれている旧い友人である。私の会社が上場したこともあり、彼も株主の一人として喜び、長話になった。

いまから二五年前に書かれたトフラーの『第三の波』（日本放送出版協会）は、いうまでもなく、「第一の波」の農耕社会、「第二の波」の産業社会が終わって、「第三の波」の情報化社会の到来を告げた画期的な本だ。

実際に、情報化社会、すなわちピーター・ドラッカーの言う「ナレッジ・ワーカー（知的労働者）」が礼賛されていた時代が十年前にあった。しかし、これらの仕事の持っている価値が、考えられていた以上に速いスピードでコンピュータやインターネットに取って代わられてしまったのだ。

このように、情報化社会もいまや最終段階に入って、早くも「第四の波」が押し寄せつつある、というのが本書でダニエル・ピンクが指摘している重要なポイントだ。だからダニエル・ピンクは本書の副題を「情報化社会からコンセプチュアル社会へ」としている。

そのため、翻訳をするにあたり、この本の日本語タイトルを「第四の波」にしていいかどうか、トフラー夫妻と侃々諤々《かんかんがくがく》の議論になったが、結局、夫妻自身による「第四の波」刊行の可能性を考慮して、これをタイトルにするのはやめた（ピンク自身は「大前さんに一任するよ」と傍観者を決め込んでしまった！）。しかし、「第四の波」がなんであるのかを正面から論じたこの本の位置づけは、それほどに大きなものであるということだ。

情報化社会においての花形ビジネスには、弁護士や会計士という仕事も含まれる。ところがいまや、食いっぱぐれのない資格であるとされていたそういう仕事でさえも、コンピュータに取って代わられてしまっている。

「ファミリーロイヤー」や「クイッケン」などという一〇〇ドルくらいのパッケージソフトで、弁護士や会計士の仕事の大部分ができるようになってしまったのである。

この本の中にも、いくつかの弁護士サイトが紹介されているが、私が何年も前から、「プロフェッショナルといえども安泰ではない」と言っていたのもこのことなのだ。

学校の教師も同じだ。

経済学に関していえば、いまは、世界中の「経済原論」の講義でサミュエルソンの本の「輪読会」をやっているようなものだ。

ところが、サミュエルソンが直接インターネットに出てきて教えてしまうと、「輪読会」をやっている程度の経済学の教師は失職してしまうのである。

サミュエルソンなら、生徒一人から一〇〇ドルずつの授業料で一〇万人に教えたら、毎年一〇〇〇万ドルの収入になる。つまり、サミュエルソンは高収入を得られるけれども、「輪読会」をやっていた教師は月五〇〇ドルのＴＡ（補助教員）。メシの食い上げになってしまうのだ。

このように、知的労働者がやっていた、反復性があったり、再現性があったりする仕事は、コンピュータやロボットに吸収される。たとえ反復性はなくとも、インドなどにアウトソース（外注）されてしまう。

顧客からの注文などを一手に引き受けるコールセンターといったものだけでなく、医者のセカンドオピニオンのような仕事までインドに行ってしまう。実際に、いま、アメリカでは、手術までインドに出かけてやってしまうところまで来ている。アメリカ国内で心臓手術をすると五万ドルかかるが、インドでやれば五千ドルですむ。それも成功確率は九九・七パーセントとアメリカでやるのと変わりはない。こういうところまでインドの会社がやっているわけだ。

私はこのことを、十年ほど前に出した『インターネット革命』（プレジデント社）から、ずっと言い続けてきた。このような時代は、知的労働者といえども安泰ではないのだ。「第三の波」においては、マイクロソフトのような一部の儲けた企業を除いて、個人においては長期にわたる安定した高収入をもたらさなかったのである。

つまり、「第一の波（農耕社会）」は、アルゼンチンやオーストラリアが圧倒的に強い。日本のように農作物輸入を規制しているところは、農民も何とか食べているが、それは納税者の犠牲の上において成り立っているわけであり、早晩持ちこたえられなくなる。

「第二の波（産業社会）」は、世界の生産基地となった中国が持っていってしまった。ロボットもその一部で、いまでは、「介護ロボット」までつくるというところまできている。

そして、「第三の波（情報化社会）」は、インドが世界のメイン舞台だ。これに中欧、アイルランド、オフンダ、フィリピン、モーリシャス、マレーシアといった意外な国々が続いている。

こうなると、「われわれは、これからどうやって飯を食っていったらいいんだ」ということになる。つまり、「第三の波」は、いまや個人の安穏な生活を保障してはくれない。知的労働者といわれる人たちでさえも、インドやコンピュータの脅威にさらされているのである。

では、どうしたらいいのか。

そこで、「第四の波」のことである。

「第四の波」というのは、ピンクによれば、要するに、「情報化社会」から「コンセプチュアル社会」、つまり、既成概念にとらわれずに新しい視点から物事をとらえ、新しい意味づけを与えていくという流れだ。

人間は、この本でいう右脳主体の頭を使って、反復性のないことを「発想」することができる。困難にぶつかれば、突破することができる。誰も思いつかないことを言うことができる。

こういう能力は、そもそもどこから生まれるのか。どうやって身につけたらいいのか。

スウェーデンの学者、ノードストレムらが『成功ルールが変わる!』（ＰＨＰエディターズ）という本の中で、「二一世紀は個人が突出した時代である」と言っている。

国家や自治体よりも、企業よりも、個人が富を生み出す時代である――つまり、二一世紀と突出した個人が富を支配する世の中だ、というのである。

の著者、ダニエル・ピンクのメッセージは、そういう「突出した個人」は「六つの感性」

を磨いている、というところにある。この大事な「六つの感性」の重要性にいち早く気づいて、自分でその感性を磨かなければ、これからの先進国社会でよりよい生活を維持していくことはできないだろう、というのだ。

◎「カンニングOK」社会への転換

二一世紀、我々はどうやって生きていくのか、格差社会の中でどうやって上昇志向を持続できるのか。

これまでのように学校で良い成績を取って良い会社に行ったところで、いまの義務教育で教えられているようなことは、メモリチップにおさめたらせいぜい一〇〇円分の価値しかない。そこまで潰《つぶ》しがきかなくなってしまった。

現実にこんな例がある。

アメリカの高校で、「カンニング」を容認するようになってきたというのだ。

最近二、三例出てきたが、これは見逃してはならない非常に重要な兆候である。

つまり、情報化社会においては、誰もが携帯する検索エンジン・グーグル、あるいはメール交換であらゆることが調べられるので、カンニングをするなと言っても意味がない。カンニングはまず物理的に防ぎようがない。

それだけではない。「答えのない時代」のいま、世の中に出たら、知識を持っていることよりも、多くの人の意見を聞いて自分の考えをまとめる能力、あるいは壁にぶつかったら、それを突破するアイデアと勇気を持った人のほうが貴重なのである。

すなわち、これからは、おおいに「カンニングをしろ」という時代なのだ。商売でも何でもそうだが、社会に出たら成功するためには、カンニングを上手にした行動力のある人間のほうが勝つのである。

自分一人で考えたり、覚えていることなどは、二束三文の価値しかないといっていい。学校で教えてくれる程度のことは、仮によく記憶していたとしても、二束三文でしかないのだ。グーグルで検索できることなどは基本的に無料なのである。その証拠に、人に教えるほど物事をよく知っているはずの先生でお金持ちになった人など、私は寡聞《かぶん》にして知らない。金持ちがいい、という価値観に基づいてモノを言っているのではない。二一世紀にわれわれ日本人は何で飯を食っていったらいいのか、という切羽詰まった問いをしているのだ。

「指導要領」があるようなものは、なかでもいちばん先に淘汰されるであろう。最強の先生がビデオコンテンツ化して配信してしまえば、日本全国一人ですべての生徒に指導要領どおりにられるからだ。先生が生きていくためにはどうしたらいいのか？

束三文でないもの」は一体何なのだろうか？

それは、みんなの意見を聞きまくってそれを消化した上で、「自分はこう思う」、また、「自分の考えは違う。しかし、俺のほうが正しい」——そういう仮説のもとに仕事を作っていくという力である。先生の役割は、すべての生徒が異なった答えを出したときに、クラスの議論を指導したり、そこから新しい知見を生徒が導き出せるように誘導してあげることだ。言い換えれば、これからは「カンニングOK」の社会になるのだ。

これは実は、「教育革命」でもある。本書はここまで書かれていないが、本書のメッセージを教育という日本が特に遅れてしまった分野に当てはめてみれば、私はそう考えてよいのではないかと思っている。

◎「ベートーヴェン型」の脳から「モーツァルト型」の脳へ

いま、モーツァルトが改めて評価されている。なぜ、モーツァルトか。

モーツァルトがいまや巨大産業になってきているのは、生誕二五〇周年というだけではない。

その理由は、ベートーヴェンとモーツァルトを聞き比べるとわかる。

ベートーヴェンの音楽は「理屈」であり、モーツァルトは「左脳型」なのだ。

『運命』の旋律を見ると、「AではなくB」だとか、『交響曲第九番』の「歓喜の歌」でも第二楽章のお祭りのようなもの、第三楽章のラブロマンスの音楽ときて、第四楽章でそれらを否定して「本当のものは歓喜の歌だ」とくる。美しい音楽だが、左脳型で理屈っぽい。だから右脳の刺激にはならない。

一方、モーツァルトは純粋無垢だ。

かつて私が二五年も前に訳したトーマス・ブレークスリーの『右脳革命』（プレジデント社——現在は『あなたの右脳が全開する！』三笠書房）にもあったように、モーツァルトは、作曲する際には、余計な雑念が入らないように、妻にストーリーを読ませながら、頭に浮かんでいる音楽をそのまま譜にしたという。

つまり、本を音読する妻の声で自分の左脳を占領させ、考えるということをせずに、右脳に浮かぶ音をそのまま楽譜に書き写す。このくらい左脳を殺して、右脳で発想していた「右脳型」の音楽というのは珍しいのである。彼に見えているもの、聞こえているものをそのまま書き写したというのがモーツァルトの音楽なのだ。

この音楽を聞いている人も右脳が純粋に刺激されていく。したがって、日本でも最近、モーツァルトは胎教にいいとか、頭が良くなるとか言われ、売れているわけなのである。

アメリカでも、「右脳の働きに根ざしていて、右脳を刺激してくれる音楽はモーツァルトだ」とされ、巨大産業になっている。

だから、ボケッと聞くなら、モーツァルトを流しているのがいちばん良いということだ。

これは、本書でダニエル・ピンクが言う「右脳を刺激する方法」の典型的な例である。

モーツァルトの旋律には三〇〇〇ヘルツ帯域が多く、それが右脳を大いに刺激することが、大脳生理学でもわかっている。しかし、メロディそのものが左脳型でないところが効能・御利益の源泉であろう、と私は考えている。

本当にすごい人というのは、右脳からアイデアを出させて、左脳で評価することができる。「必要条件」が右脳から出てきたら、それが「十分条件」かどうかを左脳で判断する。そこで、この両者を結ぶ「脳梁《のうりょう》」の働きが非常に重要になる。

「右脳だけ」の人は、考えてもそれがチェックできず、白昼夢のようになってしまう。

一方、左脳もバランスよく働かせられる人は、右脳で出たアイデアを現実的なものに焼き直して、「おまえ、違うぞ」と右脳に投げかける。

すると今度はその壁を突破するようなアイデアが右脳から出て、また左脳に行き……と、右と左が相互作用を高速で繰り返すことになる。それによって、優れたアイデアが出てくるわけだ。

では、そこまで左右の脳を働かせられない人はどうするか。

自分は右脳が強くないと思うのなら、この本で著者の言う「六つの感性」を磨くことだ。つまり、右脳の刺激のしかたを練習すればいい。

この本を実践した後でもまだ「六つの感性」が弱いと思ったら、そこであきらめてはいけない。自分とちょうど対極的な人間と仲良くやることが大事だ。

もし、自分が「左脳型」なら、突拍子もない発想をするような右脳型の人、血液型でいえば、A型が左脳型とすればB型は右脳型という感じなので、そういう自分と違うタイプの人を見つけて、対話をすることによってアイデアを高めていく。

逆に「右脳型」の人なら、「左脳型」の友人を見つけて、ふたりで会話を繰り返せばいい。日本人はそこが下手だ。「類は友を呼ぶ」で、同じような発想をする人間だけで群をなしてしまう。それではダメだ。自分とはまったく対極的な人と仲良くいろいろなことを語り合って物事を創造していく。頭が〝片利き〟の人は、こういう人間関係の工夫によって付加価値を高めていかなくてはいけない。

こういうことの必要性を私は経営の分野で言い続けてきた。それによって、二一世紀は個人、またはそういうグループとともに繁栄していくことができる。

人にできない発想や、それが「十分条件」にもなっている事業計画。そういうことを考え、実行していくためには、家族内はじめ、対極的な人と交わることができる「環境」がものすごく重要になってくる。

その第一歩を踏み出すには、まず、自分の脳に常に刺激を与えるクセをつけることだ。人間の脳はそういう仕掛けになっており、クセをつけることでかなり異常なことができるように開発できるのである。

◎「答えのない社会」を生き抜いていく能力

本書の著者、ダニエル・ピンクと私とは、中東のドバイで開かれた「インターナショナル・リーダーシップ・サミット」で、クリントン元米大統領やゴルバチョフ元ソ連大統領、マハティール元マレーシア首相などと一緒に講演をした者同士という関係である。

ダニエルはいま、非常に人気があり、世界各地から講演、講義で引っ張りだこになっている。ドバイでのサミットの際の船上パーティで、私の隣にきておもしろい話をしたのが、ダニエルだった。

話がそれたが、この本がなぜ現在のわれわれにとって重要なのかに立ち返ってみよう。

私の友人で、かつてマッキンゼーで同僚だった『エクセレント・カンパニー』（講談社）の著者、トム・ピーターズが「この本はミラクル（奇跡）だ」と激賞している。

というのも、著者ダニエル・ピンクが、二一世紀にアメリカ人はいかにして世界の高給取りとして生き残っていけるのか？　という問いに正面から向き合い、そしてそのためには、脳の使い方そのものから始まって、従来とはまったく異なった自己開発をしなくてはいけない、と結論づけているからである。しかも、おもしろく、かつ有効な事例がたくさん載っている。

考えてみれば、日本もアメリカとまったく同じ状況になっている。

社会の活力がなくなってきて、あまり上昇志向もなく、中国・インドにやられるがまま、ニートは激増中……。しかし、こういう世の中になっても、少なくともこの本を手に取った人は、そこから脱却するための訓練を今日から始めるに違いない。

この本には、そのヒントが満載だ。

これからの取るべき道筋を一冊にまとめあげたこの本は、時代のターニングポイントを迎えたいま、われわれにとって貢献度が高い本だと思う。私が冒頭で「現在の日本人にとって非常に重要な本」と記したゆえんだ。

この本を含め、私が薦《すす》めている本がいくつかある。

先にあげた『成功ルールが変わる！』と、C・K・プラハラードの『ネクスト・マーケット』（英治出版）だ。

この二冊は本書に相通じることを言っている。

二一世紀はどんな世紀になるかを考えるとき、本書のダニエル・ピンク的な感覚、つまり、コンセプトの時代であるとか、優れた個人のもとで企業が栄えるというのが結論だ。

だから、二一世紀は、いかにそういう突出した個人を見つけるか、にかかっている。育てるのは難しいから、どうやってそういう人を見つけるか、が企業間の勝負を決めるといっていい。

また、そういう人が何人かいる国が栄える、ということになる。

私もまさにその通りだと思っている。

私が話をする際の指針である「国民国家から地域国家へ」という地域国家論、「それからさらに個人へ」は、まさに同じメッセージなのである。

それは、ビル・ゲイツ（マイクロソフト）が活動拠点を置くことで活況を続けるシアトル市とか、マイケル・デル（デル）の場合のテキサス州オースチン市、ヨルマ・オリラ（ノキア）が一人で経済の五〇パーセントを支えているフィンランドの首都ヘルシンキ、といった例をあげれば、誰もが納得するだろう。

先日、私は著者ダニエル・ピンクにこう言った。

「いまは、やれ大企業だ、グローバル企業だ、大国家だと言っているけれども、そういうものが重要ではない。私の言っていることも、君の言っていることも、スウェーデンの学者の言っていることも、結局は、突出した個人にかなうものはない。そこまで来たのが二一世紀だ、ということだ」

この本には、日本人がこれから一番身につけなくてはいけない「右脳を生かした全体的な思考能力」と、「新しいものを発想していく能力」、そしてその実現可能性を検証するための左脳の役割、などについてわかりやすくまとめられている。インパクトがあり、かつ読んでいて非常におもしろい。

いままでは欧米に追いつけ追い越せでやってきた、常に「答えがあった世界」にいたわれわれが、「答えのない世界」に突入するにあたって、どうやって生き抜いていくのかを考え始めるきっかけになる本の一つだと思っている。

私の知る限り「ハイ・タッチ」という言葉を最初に使ったのはジョン・ネイスビッツの『メガトレンド』（竹村健一訳、三笠書房刊　一九八二）である。

「新しい技術が社会に導入されるたびに、その対局にある人的側面が考慮されなくてはならない。それがハイ・タッチであり、これが軽視されると、技術に対する拒否反応が起こる」と彼は書いた。

私が本書で使っているハイ・タッチという言葉は、もう少し広い意味で使っているが、少なくとも言葉そのものは、ネイスビッツのものであり、そのことをお断りしておきたかった。

第1部1章以降の「文献」は紙面の都合で割愛する。著者、ダニエル・ピンクは英語版で一六ページに及ぶ詳細な文献リストを載せているので、内容に興味のある読者は、本文に記載したウェブサイトか原書を参照していただきたい。

また、原書の最後にある「謝辞」も割愛した。本書執筆に協力してくれた人々、面談に応じてくれた人々は数百人に及ぶということである。

訳者

〈はじめに〉
「専門力」ではない「総合力」の時代！

この二、三〇年ほどの間、世の中はある種の知識を持った特定の人たちのものであった。

コンピュータ・コードを操るプログラマー、巧みに契約を作り上げる弁護士、ビジネスの数字をバリバリ処理するＭＢＡ取得者などである。

だが、これからの世界で成功を収める上でカギを握る要素は変わりつつある。

未来をリードするのは、何かを創造できる人や他人と共感できる人、パターン認識に優れた人、そして物事に意義を見出せる人である。

つまり、芸術家や発明家、デザイナー、ストーリーテラー、介護従事者、カウンセラー、そして総括的に物事を考えられる人である。

この本では、先進各国の多くで現在進行中の――しかし、人々はまだそれに気づいていない――激しい状況の変化について述べたいと思う。

私たちの経済や社会は、「情報化の時代」のロジカルで直線的で、まるでコンピュータのような能力を基盤に築かれたものだった。だが、これからは、創意や共感、そして総括的展望を持つことによって社会や経済が築かれる時代、すなわち「コンセプトの時代」になる。

本書は、この新しい世界で生き抜き、成功を収めたいと願うすべての人のための本である。自分のキャリアに不安を抱えている人、いまの生活に不満のある人、来たるべき時代の波に乗り、リーダーシップを握りたいと燃えている起業家やビジネスリーダー。わが子に将来必要となる能力をつけさせてやりたいと願う親。そして、「情報化社会」では見過ごされ、過小評価されがちだった鋭敏な感情や豊かな想像力を持つ多くの人たちに、本書を読んでいただきたい。

本書では六つの重要な資質について考える。

私はこれを「六つのセンス（感性）」と呼んでいるが、仕事上の成功を収められるか、生活に満足を得られるかは、この「六つのセンス」に大きく左右されるようになる。

「六つのセンス」とは、デザイン、物語、調和、共感、遊び、生きがいだ。

これらは誰でも身につけることができる資質であり、本書がその手助けになれば幸いである。

これほどの大きな転換だから複雑ではあるが、本書で述べる論旨の根幹は単純だ。

は一世紀もの間、西洋社会全般、特にアメリカ社会では、あまり還元的（複雑多様な事象何らかの根本的なものに置き直し、帰着させる考え）ではなく、極めて分析的に社会生活をとらえる思考やアプローチが大勢を占めていた。

それは、高い教育を受けた情報処理技術者や専門知識を身につけた人などの「ナレッジ・ワーカー」の時代でもあった。

だが、それも変わりつつある。

物質的に豊かになったことで文化的なものに対する人々の切望がつのり、グローバリゼーションによって海外で働くサラリーマンが増加した。テクノロジーのめざましい進歩によって消滅してしまった職業もある。

私たちは今、新たな時代を迎えようとしているのだ。

その新しい時代を動かしていく力は、これまでとは違った新しい思考やアプローチであり、そこで重要になるのが「ハイ・コンセプト」「ハイ・タッチ」である。

「ハイ・コンセプト」とは、パターンやチャンスを見出す能力、芸術的で感情面に訴える美を生み出す能力、人を納得させる話のできる能力、一見ばらばらな概念を組み合わせて何か新しい構想や概念を生み出す能力、などだ。

「ハイ・タッチ」とは、他人と共感する能力、人間関係の機微を感じ取る能力、自らに喜びを見出し、また、他の人々が喜びを見つける手助けをする能力、そしてごく日常的な出来事についてもその目的や意義を追求する能力などである。

ちょうど、本書で述べる変化をそのまま要約したようなものがある。

それは私たちの頭の中にある、脳である。

脳は右脳左脳に分かれていて、左脳は逐次的、論理的、そして分析的に情報を処理するが、右脳は非直線的で、直観的、本能的、そして包括的、全体的に機能する。

このような違いは誇張して扱われることも多かった。もちろん、私たちはごく単純な作業でも脳の両半球を働かせている。しかし、左右半球の機能が違うという認識がすっかり定着しているので、それが現在と未来の状況を理解する上での説得力のある比喩として用いられるようになったのだ。

これまでの時代を象徴する能力、すなわち「情報の時代」を引っ張ってきた「左脳的」能力は、今日でも必要ではあるが、もはやそれだけでは十分とはいえない。

そしてかつては軽視され、取るに足らないものだとみなされた能力、つまり創作力や共感、喜び、意義といった「右脳的」な特質が、これからの世の中で大きく飛躍できるか、もがき苦しむことになるか、を決める重要な要素になってくる。

個人、家族、組織を問わず、仕事上の成功においてもプライベートの充足においても、まったく「新しい全体思考」が必要とされているのだ。

本書の構成について一言書き添えておこう。

当然のことではあるが、本書も、それ自体「ハイ・コンセプト」や「ハイ・タッチ」を備えている。

〈第1部〉の「ハイ・コンセプトの時代」では、幅広く活発な議論を展開していく。

1章では右脳と左脳の働きの違いをまとめ、なぜ、脳の構造が私たちの時代を象徴する「比喩」として用いられるのかを説明している。

2章では、読者の中でも極めて「左脳型」の人にも強く訴えることができるよう、冷静かつはっきりとした議論を進めた。三つの大きな社会的・経済的要因、すなわち豊かさ、アジア、オートメーションが、なぜ私たちを「ハイ・コンセプトの時代」へと動かしているのかを考察する。

そして3章では、「ハイ・コンセプト」と「ハイ・タッチ」について説明し、こういった能力を身につけた人々が現代人の生活のテンポを決めることになる理由を明らかにする。

〈第2部〉の「六つの感性」も「ハイ・タッチ」な内容だ。これから訪れる新しい世界をうまく生きていくために必要となる、人間の感性の領域に属する六つの資質《センス》について述べている。デザイン、物語、調和、共感、遊び、生きがいである。

それぞれに1章ずつを割き、ビジネスや日常生活においてどのように活用されるのかを説明している。また、各章の末尾には、私自身の研究の中から選び出したツールやエクササイズ、参考文献などを紹介している。これらは読者の中の「六つの感性」を引き出し、磨きをかけるのに役立つだろう。

本書の9つの章の中では、さまざまな場所を訪問することになる。

インド・ムンバイの「笑いクラブ」や、アメリカの都市部にあるデザイン教育に重点を置いた高校も登場する。また、世界中どこででも「偽りの笑顔」を見極められる方法も学ぶ。

しかし、まずは私たちの脳の中を知ることから始めなければならないだろう。

脳を働かせる前に、それがどのように機能しているのかを知る必要があるからだ。

というわけで、まずはアメリカ・メリーランド州ベセズダにある国立衛生研究所（ＮＩＨ）からスタートしよう。

ここで私は、台の上に仰向けに固定され、頭蓋骨の中に電磁波を送り込むガレージくらいの大きさの機械の中に押し込まれた。

〈第1部〉

「ハイ・コンセプト（新しいことを考え出す人）」の時代

1

なぜ、「右脳タイプ」が成功を約束されるのか

●私たちは「どこ」へ向かって走っている？

最初に指に電極をつけられ、どのくらい汗をかいているかを調べられた。

ごまかそうとすると、体からどっと汗がふき出すのだ。

それからストレッチャーに乗せられた。

病院の診察台に上る時に足の下に敷いてあるような、少しガサガサした感じの青い紙で包まれた。ストレッチャーの上に仰向けに横たわり、くぼんだ部分に頭をのせた。

検査係が私の目の前で、人喰い殺人鬼「ハンニバル・レクター博士」がしていたような檻の

形をしたマスクを振っている。私は身をよじった。やめておけばよかった！

「もう動けませんよ」

分厚く巻かれた粘着テープに手を伸ばして、検査係が言う。

「頭を固定しますからね」

この巨大な政府機関の建物の外では五月の雨がしとしとと降っていた。建物の内側では、地下二階の冷たい部屋の中央にある装置の中で、私の脳がスキャンされようとしていた。

私は四〇年間、この脳とともに生きてきたが、実際にその像を目にしたことは一度もない。他人の脳なら絵や映像で見たことはある。だが、自分の脳がどんな形をしているのか、どのように機能しているのかについては、まったく知らなかった。そして今がそのチャンスというわけだ。

このところ、私が思い巡らしていたのは、アウトソーシング（間接業務の外注）に頼り、オートメーション化が進んだ混乱した時代の中で、私たちの生活はどこへ向かっているのだろうかということだった。

そのうちに、脳がどのように組織されているのかを研究してみれば、カギが見つかるかもしれないと思い始めた。そこで、ワシントン郊外の国立精神衛生研究所（ＮＩＭＨ）で行なわれている研究プロジェクトの被験者——研究員たちは「健康なボランティア」と呼んでいた——として参加することにしたのである。

この研究には、休息中と活動中の脳の画像の撮影も含まれていた。つまり、四〇年にわたって私を導いてくれた臓器を目にすることができるわけだ。その過程で、私が未来を歩んでいく上でのより明確な示唆が得られるのではなかろうかと考えた。

私を乗せたストレッチャーは、世界最先端のMRI装置、GEシグナ3Tの真ん中から突き出した格好になっている。二五〇〇万ドル（約三億円）もするこの装置は、強力な磁場を使って人体の内部画像を高精度で映し出すことができる。両サイドの幅は約二四〇センチ、重さは約一・六トンもある、巨大な装置だ。

機械の中央には直径六〇センチほどの丸く開いたトンネルがある。研究員はこの穴からストレッチャーを滑り込ませ、この装置の心臓部ともいえる真ん中の空洞部分へと送る。両腕は体の横に固定され、鼻先五センチに天井が迫った状態で、魚雷発射管の中に押し込まれたまま忘れられてしまったかのような気分だった。

チッ、チッ、チッ――機械が音をたてる。チッ、チッ、チッ。なんだか、かぶったヘルメットの外側から誰かに叩かれているような感じの音だ。それから振動とともに、「ジーッ」という音がして静かになった。もう一度、「ジーッ」が鳴り、再び静かになった。

三〇分ほどすると、私の脳の画像ができあがった。

少々がっかりしたのだが、私の脳はこれまで教科書で見てきた他人の脳とほとんど似たようなものだった。中央には縦に細い溝があり、それを境に脳は表面上、同じ二つの部分に分割されている。この特徴がまず目を引くので、極めて普通の私の脳の画像を見た神経科医が最初に口にした言葉はこうだった。

「大脳半球ですよ。ほぼ、左右対称です」

つまり、私の頭蓋骨の中にある重さ一・三キロの塊は、あなた方の持っている一・三キロの塊と同じように、二つのつながった半球に分割されているわけだ。

一方は左脳、もう一方は右脳である。どちらも見た目は同じだが、その形態や機能はかなり異なっている。これは、脳神経学実験のモルモットとして、次の段階の検査を受けるうちにわかってきたことである。

●「二つの脳」の驚くべき役割分担

最初の脳のスキャンは、いわばポートレート写真を撮るような感じだった。横になり、脳を適切な位置に置くと、機械が画像を撮影してくれる。

現在の科学では、このような脳の画像から相当の情報を得ることができるのだが、最新のfMRI（機能的磁気共鳴映像装置）を使えば、活動中の脳の画像も撮影できる。

装置の中に入ると、鼻歌を歌う、ジョークを聞く、パズルを解くなど、いろいろな行動を指示された。そして、その間の脳内の血流の動きを調べるのである。

すると、活動が活発になった部位に色がついた脳の画像が得られる。脳内の雲の分布を示したような写真で、気象衛星の映像に似ている。この技術は科学や医学の分野に革命をもたらし、子どもの失読症（書かれた文字列を正しく読むことができない症状）からアルツハイマー病のメカニズム、赤ん坊の泣き声に対する親の反応にいたるまで、人間のさまざまな経験について、より深く理解することが可能になるのだ。

研究員はポテトチップスの缶のような形のハイテク機器の中に、私の体を再び滑り込ませた。今度は、外のスクリーンに映し出されるスライドが見られる潜望鏡のような機械が設置されていた。右手には小さな押しボタンを握り、そのコードは研究員たちのコンピュータに接続されている。彼らは私の脳を働かせ始めた。そしてその結果が、二一世紀における成功に何が必要かを象徴する比喩に気づかせてくれたのである。

最初の課題は単純だった。スクリーンには極端な表情をした顔の白黒写真が映し出される（NBA選手の姚明《ヤオミン》――中国出身でヒューストン・ロケッツの選手。長身で知られる――に足を踏まれた瞬間のような顔の女性とか、家を出てからズボンをはいていないことに気がついた男とか……）。それから、別人の二つの表情を一瞬ずつ見せられる。そして、どちらの顔が最初に見た顔と同じ感情を表しているかを、手元のボタンを使って答えるのだ。

たとえば、まずこのような写真を見せられる。

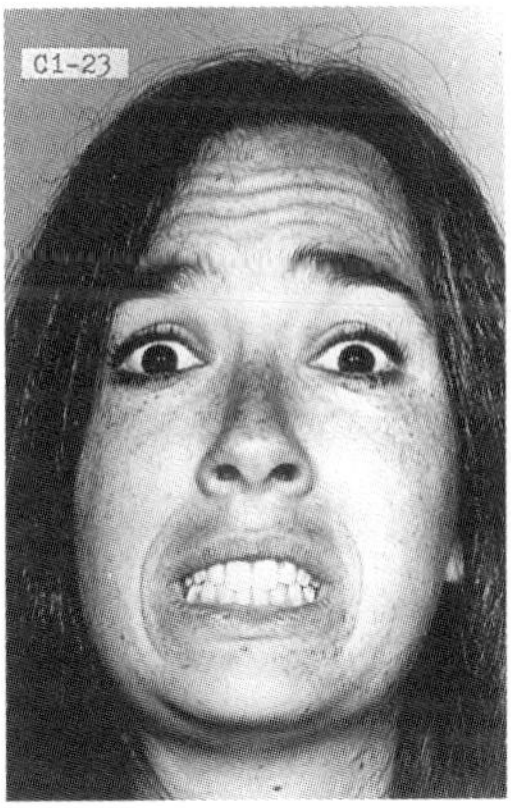

次に、左のような二つの顔が映し出される。

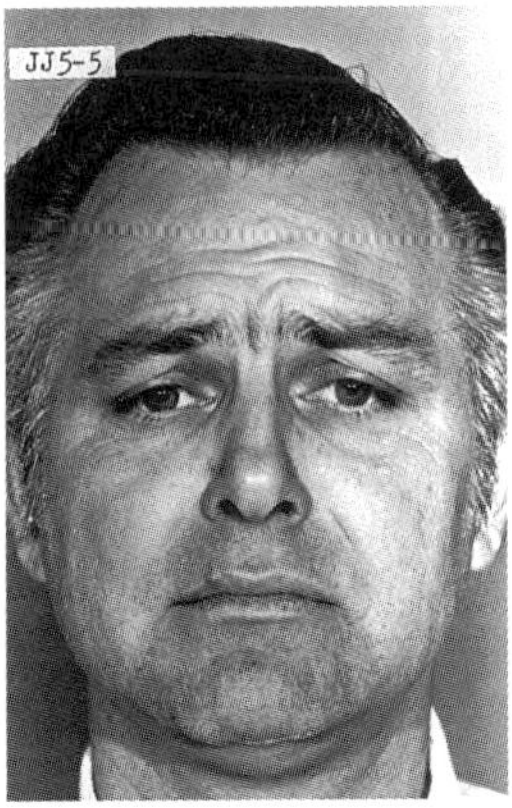

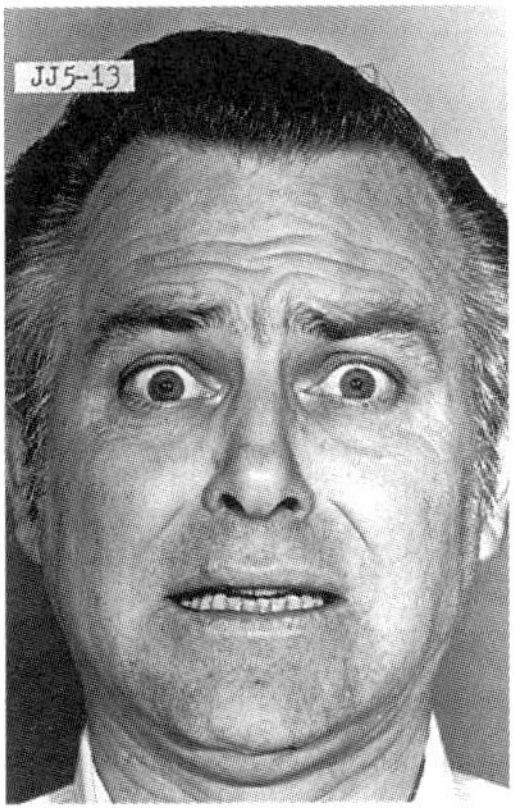

男性の二つの写真のうち、下側の写真が、先ほど見た女性の顔と同じ感情を表しているので、私は「下」のボタンを押す。妙な表情を気にしなければ、ごく簡単な課題である。

この「表情当てエクササイズ」が終わると、別の「認知力テスト」に移る。

まず、四八枚のカラー写真をスライドのように次々と見せられる。私はそれぞれの写真の場面が屋内か室内かを判断してボタンを押す。写真は両極端で、あるものは異様で不穏な写真だが、それ以外はごく平凡で害のないものだ。カウンターに置かれたコーヒーカップ、銃を振りかざす数人の人間、汚物があふれたトイレ、ランプ、そして二、三の爆発場面……といった具合だ。

たとえばこのような映像が映し出される。

私はこの場面は「屋内だ」と判断してボタンを押す。

この作業では集中する必要はあるものの、さほど強い緊張を強いられることはない。気分的には先ほどのエクササイズと変わらない。だが、脳内で起こっていたことは、まったく異なっていた。

コンピュータ上に表示された脳のスキャン画像を見ると、険しい表情を見たときは、脳の右側がパッと活動し、右脳の他の領域も動き出した。一方、恐ろしい場面を見たときには、左脳がより活発に動いていた。

もちろん、両方の作業で活動した部位はどちらの半球にもある。そして私自身の感じ方は、どちらのエクササイズでもまったく同じであった。だが、顔を見せられたときには、左脳よりも右脳が反応し、銃を手にした悪党どもや厳しい状況を見せられたときには、おもに左脳が働いていたことを、fMRIはハッキリと映し出していたのだ。

これはいったいなぜなのだろう?

●はじめて明かされた「右脳」の神秘

私たちの脳はけた外れの機能をもっている。

ふつう、人間の脳は一〇〇〇億個もの細胞からなり、それぞれの細胞は最大一万個の脳細胞と結びつき、情報交換を行なっている。

細胞全体で、一クワデリリオン(一〇の一五乗)個もの結合部からなる極めて複雑なネットワークを構成し、話す、食べる、呼吸をする、動くなどの働きをつかさどっている。

DNAの発見に貢献し、ノーベル賞を受賞したジェームス・ワトソンは、人間の脳について、「この宇宙で発見されたうちで最も複雑なもの」と言っている(ちなみに、ウディ・アレンによると、「ボクが（性器に次いで）二番目に好きな臓器」なのだそうだ）。

脳はその複雑さにもかかわらず、全体的な形状はシンプルで左右対称である。

脳には、かつてアメリカの南部と北部を分割していたメーソン＝ディクソン線のような分割線があって、二つの領域に分かれていることは、科学者たちの間ではずいぶん前から知られていた。そして驚くほど最近になるまで、科学の世界では、脳は二つの領域に分かれているが、それらは同等ではないと考えられていた。

その理論によると、重大な決定を下すのは左脳で、人間の人間たるゆえんは左脳にあるという。右脳は従属的で、中には進化の初期からの遺物であると論じる者もいた。

左脳は理性的で分析的で論理的、つまり、私たちが脳に求める機能のすべてを持っているが、右脳は非直線的で受動的で本能的な部分であり、人類が成長を遂げたことを示すために自然が残してくれた遺物にすぎないというのだ。

はるかヒポクラテス（ギリシャ）の時代にさかのぼってみると、医者たちは心臓と同じように左側にある左脳こそが、必要不可欠な半球であると信じていた。

一九世紀初頭までには、科学者たちはこの考え方を裏づけるための証拠を積み上げ始めていた。そして、一八六〇年代にフランスの神経学者ポール・ブローカが、言語を話す能力をつかさどる領域が左脳にあることを発見した。その一〇年後、ドイツ人神経学者のカール・ヴェルニッケが言語を理解する能力について同様の発見をした。

これらの発見から、都合よく説得力のある三段論法が導き出された。

言語は人間と動物を分かつものである。言語能力は脳の左側に存在している。したがって人間が人間であるのは左脳があるからである、というのだ。

この考え方は二〇世紀に入っても長い間、主流となっていた。だが、穏やかな語り口調が特徴のカリフォルニア工科大学教授、ロジャー・W・スペリーが、私たちの脳と人間に関する認識を一新した。一九五〇年代、スペリー教授は、てんかん発作の治療のために脳梁を切断した患者を調べていた。

「脳梁」とは、約三億もの神経線維が太い束状になったもので、脳の左右半球をつなぐ部位である。これらの「スプリット・ブレイン」と呼ばれる左、右脳が切断された患者を研究した結果、スペリーはそれまでの説には欠陥があることを発見したのである。

もちろん、人間の脳が二つの半球に分かれているという点は間違いない。だが、教授はこう述べた。

「補助的・従属的脳半球と呼ばれてきた右脳半球は、これまで読み書き能力には関係ないとか知的発育が遅れているなどと言われ、一部の専門家からは意識とは関係ないとさえ考えられてきたが、ある種の精神活動を行なうときには、実際に左脳よりも重要な役割を果たしていることがわかったのである」

つまり、右脳は左脳に比べて劣っているわけではない。ただ異なっているだけなのだ。

さらにスペリーはこう述べている。

「思考形式には二つあって、それぞれおおよそ右脳、左脳に分かれて別々に機能している」

左脳は順序よく推論し、分析能力に秀でていて、言語を操る。一方、右脳は総括的な思考をし、パターン認識や、感情や非言語的表現の理解に優れている。「二心ある」という表現があるが、文字通り、人間には二つの思考パターンが備わっているのである。

この研究成果によってスペリーはノーベル生理学・医学賞を受賞し、心理学と神経科学の世界に永久的な方向転換をもたらした。一九九四年にスペリーが他界したとき、『ニューヨーク・タイムズ』紙は、「脳を支配しているのは左脳だという、一般的に正説だと信じられていた考えを根底から覆した」人物であったと追悼を述べた。また、『タイムズ』紙は、スペリーは稀有の科学者であり、「彼の研究は伝説として語り継がれていくだろう」と書いている。

もっとも、スペリーには、研究室の中でのアイデアを実生活の場に反映する手助けをしてくれた人物がいた。

中でも重要な存在が、カリフォルニア州立大学の芸術教師、ベティ・エドワーズである。エドワーズは一九七九年に『脳の右側で描け』（エルテ出版他）という著書を出版している。エドワーズによれば、芸術的な才能がある人とない人がいるという考えは間違いだという。

「描くというのは、実はそれほど難しいことではありません。問題は見ることなのです」

と、エドワーズは述べている。

そして見るための、本当の意味で「見る」ための秘訣は、何でも知っているぞと理屈を振りまわして威張り散らしている左脳を鎮め、もの静かで柔らかな右脳にこの仕事をさせることだというのである。

科学はそんな単純なものではない、と言ってエドワーズの説を非難する人もあったが、彼女の著書はベストセラーになり、芸術の授業では必携のテキストとなっている（エドワーズのテクニックについては第2部3章で述べることにする）。

新たな道筋を開いたスペリーの研究や、それを大衆に浸透させたエドワーズの功績、そして活動中の脳の研究を可能にしたfMRIなどの先進テクノロジーのおかげで、今日では右脳の役割が正当に評価されるようになった。

右脳は確かに存在する。右脳は重要である。そして私たちを人間たらしめるものである。この点については、博士号を持つような神経科学者なら、異論を唱える人はいないだろう。

だが、神経科学の研究室や脳のスキャン画像を撮影するクリニックを一歩出れば、右脳に関する「二つの誤った考え」がいまだに残っているのだ。

●いまだまかり通る「とんでもない誤解」

これら二つの間違った考えは、主旨は正反対だが、バカげているという点では共通している。一つは「右脳こそ救世主である」というもので、もう一つは「右脳は妨害行為をしている」というものである。

「救世主説」を支持する人々は、右脳に関する科学的根拠に乗じて、その正当性を主張するにとどまらず、崇《あが》め奉《たてまつ》るところまで飛躍してしまった。彼らは、右脳こそ人間としてすべての良い部分、正当で高尚な部分が格納されている場所だと信じている。神経科学者のロバート・オーンスタインは、このテーマに関する本としては優れた著書『右脳は天才？　それとも野獣？』（朝日新聞社）の中でこのように述べている。

――思考の展開やトラウマからの脱却、自閉症の治療、その他いろいろな場面で右脳がカギとなる役割を果たしていると多くの著名な人々が書いている。右脳が我々を救ってくれる。右脳こそが創造性、魂だけでなく、目新しい料理のアイデアまでもが存在する場所なのである――。

なんということだろう。救世主説の信奉者たちは、あの手この手で右脳の素晴らしさを人々にわからせようと努力してきた。「右脳クッキング」「右脳ダイエット」「右脳投資術」「右脳会計学」「右脳ジョギング」「右脳乗馬術」……さらには「右脳数占い」だとか「右脳占星術」「右脳セックス」まである。きっと、右脳シリアルを朝食に食べ、右脳ブロックで遊び、右脳ビデオを見て育ち、ついには素晴らしい能力を身につける子どもが生まれるに違いない。

これらの著作物や商品、セミナーの中に、一つや二つは妥当な意見が含まれていることもあるが、しかし、全般的にはとてもバカげたものである。さらに困ったことに、根拠のない議論の羅列と、ニューエイジ（新時代到来）的で大げさで回りくどい表現のために、右脳の素晴らしさを人々に伝えられないばかりでなく、右脳の品位を汚している場合が多いのだ。

右脳に関するこれらのバカげた主張に対抗する意味もあって、正反対に偏向した理論が打ち立てられた。これは、右脳の正当性はしぶしぶ認めてはいるものの、いわゆる「右脳思考」を強調しすぎることは、論理的な生活を送ることで築き上げてきた、これまでの社会的・経済的進歩を阻害する危険がある、というのである。

右脳が持つ「感情面の意味を読み取る力」や「直感的に答えを見出す力」、「物事を全体論的に認知する力」などは、どれも非常に素晴らしいものである。だが、本当の知能を「コースのメイン料理」だとすれば、これらはただ「サイドディッシュ」に過ぎない。人間と他の動物とを分かつのは、分析的に判断を下す能力なのだ。自分たちの判断に耳を傾けよう。それこそ、我々人間を唯一無二の存在にしている特性である。他のものは、単に「違っている」というのではなく、「劣っている」のだ。右脳は情緒的だとか芸術的だとかいう大げさな主張にばかり注目していると、ついには私たちの頭は悪くなり、人間はすっかりダメになってしまう――。

スペリーは亡くなる直前にこんなことを言っている。

「結局のところ、近代社会はいまだに右脳を差別しているのです」

妨害理論の中には、右脳は確かに存在するが、やはり左脳に比べていくらかは劣っていると する信念が残っているのである。何と悲しいことだろうか。右脳は私たちを救いもしないし、妨害もしない。たいていの「真実」がそうであるように、脳の「真実」にも、もっと微妙な差異が含まれているのだ。

●「細かいこだわり」か「全体像」か

人間の脳の両半球は電気のスイッチのように、一方の電源を入れると、ただちにもう一方が止まる、といった働き方はしない。私たちの活動のほとんどすべてにおいて、左右半球の両方が何らかの役割を果たしているのだ。

ある医学入門書にはこう説明されている。

「ある機能を果たすのに、脳の特定の領域が他よりも活発になると言うことはできるが、これらの機能が特定の部位に限定されているとは言えない」

それでも神経科学者たちは、私たちが行動し、物事を理解し、発生した出来事に対処するときに、二つの脳半球は非常に異なるアプローチを取っている、とする意見で一致している（そして、これらの違いが、仕事やプライベートの生活をかなり左右していることがわかってきた）。

三〇年以上にわたる脳半球に関する研究成果をみると、左、右脳の四つの重要な相違点を導き出すことができる。

① 左脳は右半身を制御し、右脳は左半身を制御する

右手を上げてみよう。真剣に。できれば右手を上に高く伸ばしてほしい。

これは、あなたの左脳（もっと正確に言えば、あなたの左脳半球の中のある領域）が行なっているのである。

次に、左足で床をドンドンと踏み鳴らしてみよう。

これは、右脳のある領域がつかさどっている動作だ。

人間の脳には「対側性」がある。つまり、脳の各半球はそれぞれ体の反対側の半身をつかさ

どっているのだ。だから、脳の右側に損傷を受けた人は左半身が麻痺し、左側に損傷があれば右半身が悪くなる。

人間のおよそ九〇%は右利きである。つまり、約九〇%の人が、書く、食べる、コンピュータのマウスを操作するなどの重要な動作を左脳で制御しているということだ。

脳の対側性は、私たちがサインをしたり、ボールを蹴ったりという動作をするときだけでなく、頭や目を動かすときにも作用している。

エクササイズをもう一つ紹介しよう。

まず、頭をゆっくりと左に回してみよう。このときもやはり、反対側の脳半球、つまり脳の右半分がおもにその動作を導いている。

今度は、ゆっくりと右に回してみよう。今度は左脳がこの動作を行なっている。

では、後者の動きを含む動作、つまり頭と目をゆっくりと左から右へ動かす活動は何かと考えてほしい。脳のどちら側を使っても結構。

ヒントは、「今、現在あなたが行なっている、その動作」……答えは「読み書き」だ。

西欧諸国の言語では、読み書きの際に左から右への動きを必要とする。したがって、脳の左半球が鍛えられるのだ。紀元前五五〇年ごろにギリシャで発明された文字によって、左脳の優位性(少なくとも西欧においては)が強化され、ハーバード大学の古典文学者、エリック・ハヴロックの言う「アルファベット思考」が生み出されたのだ。

そう考えれば、ゲームをするときには左脳が優位的に働くことも驚くにあたらないだろう。ルールを書くことができるのは左脳だけなのだから。

②左脳は「逐次的に」処理し、右脳は「全体的、瞬時に」処理する

アルファベット思考のもう一つの側面を考えてみよう。

アルファベット思考では、音や記号は逐次的に処理される。あなたが「when you readthis sentence~」という文を読むとき、まず、「when」を読み、それから「you」に移り、文字、音節、そして単語へと一つひとつ解読していく。これも左脳が秀でている能力である。

神経科学のテキストには「連続した言葉」について、次のように書かれている。

――左脳は特に要素が一つひとつ順番に出てくるような、連続性のあるものごとの認識や、動作の順序をコントロールすることを得意としている。また、左脳はひと続きになった一連の動作を制御するときにも活動する。左脳によって行なわれる連続性のある活動としては、話す、他人の言葉を理解する、読む、書くなどの言語活動がある――。

対照的に右脳は、ＡＢＣＤＥという文字を一つの連続したものとして順番に扱うことはしない。右脳が得意とするのは、複数の物事を同時に処理することである。右脳は、「多くのもの

を一度に見る、幾何学的な形のそれぞれの部分を見て全体的な形状を把握する、ある状況における要素をすべて見てその意味を理解する、などの活動を専門的に扱う」。だから、表情を読み取るときには、右脳が特に役立つ。

この能力があるおかげで人間はコンピュータに対する優位性を保つことができるのだ。たとえば今、私がこの文章を打ち込んでいるコンピュータのｉＭａｃは、一秒間に一〇〇万個の計算を処理することができる。地球上で最も早く計算できる左脳（人）をはるかに上回る速さだ。だが、世界一高い能力を誇るコンピュータでも、人の顔を認識する速さにかけては、よちよち歩きの私の息子にさえ遠く及ばないのである。

このように、左脳・右脳には連続的、あるいは同時的に処理するという違いがある。右脳は絵を、左脳は何千もの言葉を処理するのである。

③ 左脳は「文」を、右脳は「文脈」の処理を得意とする

ほとんどの人は左脳で考えて言葉を操っている（これは右利きの人の九五％、左利きの人でも七〇％に当てはまる。残りの約八％の人の場合、脳内で言語活動を分担している部位は、より複雑になっている）。

だが、言語操作のすべてが左脳に委《ゆだ》ねられているわけではない。二つの脳半球は、互いに補完し合いながら機能しているのである。

たとえば、あなたと妻（もしくは夫）が一緒に夕食の支度をしている場面を考えてみよう。料理が中ほどまで進んだころ、妻（夫）がその日のメニューには絶対に欠かせない材料を買い忘れていたことに気づいたとしよう。そして、車のキーをつかみ、口をゆがめてあなたをにらみつけ、非難がましくこう言う。

「私が買いに行ってくる」

正常な脳を持っている人なら誰でも、この言葉を聞いてすぐに二つのことを理解するだろう。一つは、相手がこれからスーパーマーケットへ行くのだということ。もう一つは、相手がひどく怒っているということだ。一つ目を理解したのは左脳の働きで、相手の言葉の音声と構文を判読し、その文字通りの意味に到達したわけだ。

一方、右脳はこの会話のもう一つの面を読み取っていた。つまり、「私が買いに行ってくる」というごく当たり前の中立的な文は、まったく中立的な意味ではないということだ。ギラリと向けられた眼の光と非難がましい声の響きが、相手が怒っていることを示していたのである。

脳半球のいずれかに障害のある人は、このような二つの推論を導くことができない。

右脳に問題があって左脳しか機能していない人は、この発言を聞いて相手がスーパーマーケットへ行くのだということは理解できても、その行動をあおっていた怒りや不快感には気づかない。

逆に、左脳に問題があって右脳だけが機能している人は、相手が怒っていることはわかるが、どこへ行ったのかわからないこともあるのだ。
この違いは言語の理解だけではなく、発話についても当てはまる。右脳のある部分に障害のある患者は、きっちりと文法を守り、標準的な語彙《ごい》を使用しながら筋の通った話ができる。だが、イギリスの心理学者クリス・マクマナスは、科学書賞も受賞した著書『Right Hand, Left Hand』の中でこのように述べている。

――彼らの発する言葉は……正常ではありません。発話に音楽的なところ、つまり韻律《いんりつ》がないのです。そのため、声の調子を上げ下げしたり、早口にしたり、ゆっくり話したり、大きな声や優しい声を使い分けたりして感情や強調を表わすことができません。抑揚《よくよう》のない発話というのは、まるで電話の向こうで鳴っているコンピュータ制御の声のように聞こえるのです――。

少々簡単にまとめすぎかもしれないが、左脳は「何が」話されたかを扱い、右脳は「どのように」話されたか、つまり、眼差しや表情やイントネーションによってもたらされる、「言葉によらない感情的な面」に重点を置いているのである。
だが、右脳と左脳の違いには、言語的か非言語的かといった以上のものがある。ロバート・オーンスタインが最初に提唱した「文か文脈かの違い」のほうが、より広範に適用できる。

文脈への依存度が極めて高い言語もある。アラビア語やヘブライ語などでは子音しか記述されないことが多く、読む側は前後の概念や考え方から母音を推測する必要がある。たとえば、「stmp n th bg」という文字列を見て、その文の前後の文章からどの母音が当てはまるかを考えるのだ。

害虫駆除マニュアルの中なら、「stomp on the bug」(昆虫を踏みつける)だろうし、郵便局に出かけていく物語の中なら、「stamp in the bag」(バッグの中にある切手)となるだろう。

英語とは異なり、前後の文脈から母音を補って読む必要のある言語は右から左に書くことが多い。本章のはじめでも述べたが、目を右から左に動かすのは、右脳の働きによるものである。

言語の他の面においても、文脈は重要である。

たとえば、比喩を理解する能力は右脳がつかさどるということが、多くの研究から明らかになっている。

もし、「ホセはモンタナ州の大きさの心臓を持っている」と聞いたら、ホセが誰なのか、心臓とは何か、モンタナ州はどのくらい大きいのか、について、左脳が素早く判断する。だが、文字通りの意味では文が意味をなさない。約三八万平方キロもの大きな心臓がホセの小さな胸に入るわけがないのだから。

そこで、この不一致を解決するために右脳が登場する。右脳は左脳に向かって、ホセがとんでもない心臓の持ち主なのではなくて、寛大で愛情豊かな人物なのだということを説明するのである。

「左脳も右脳も、単独で働くことはできない。我々は日々の生活における言葉を文脈の中でとらえなくてはならないのだ」

と、オーンスタインは述べている。

④ 左脳は「詳細を分析」し、右脳は「大きな全体像」としてとらえる

一九五一年、アイザイア・バーリンが『戦争と平和』というエッセイを書いたが、それには誰も見向きもしないような「トルストイの歴史懐疑主義」というタイトルがつけられていた。

出版社はこのエッセイは気に入ったのだが、表題が気に入らなかった。そこで彼は、古代ギリシャの「キツネは多くのことを知っているが、ハリネズミは大きなことを一つだけ知っている」という格言をもとに、『ハリネズミと狐《きつね》――「戦争と平和」の歴史哲学』(中央公論社)という、より親しみやすい表題に変更した。この新しい表題をつけたエッセイのおかげで、バーリンは一躍有名になった。

この発想から、右脳と左脳の四つ目の違いが浮かび上がる。左脳は「キツネ」であり、右脳は「ハリネズミ」なのだ。

神経科学の入門書にはこう書かれている。

「一般的に左脳は情報の分析を行ない、右脳は統合を得意とする。右脳はバラバラの要素を集め、そこから物事の全体像を認識する能力に特に優れている」

分析と統合は、おそらく情報解釈における最も基本的な方法だろう。ある物事の全体をその構成要素に分割すること、また、構成要素から全体をまとめ上げること。これらはいずれも、人間が論理的思考を行なう際に不可欠だが、それぞれ脳の異なる部分がつかさどっているのである。

ロジャー・スペリーは、一九六八年に、この重要な違いについての論文を発表している（ジェリー・レヴィ＝アグレスティと共著）。その中で次のように述べている。

——静かで従属的な（右）半球は、ゲシュタルト（経験の統一的全体）の認知を専門的に扱い、受け取った情報の処理において、おもに統合的判断を下す役割を担っている。反対に、雄弁で主要な（左）半球は、より論理的で分析的な、コンピュータに似たやり方で情報を操作しているようだ。右脳なら迅速に行なえる複雑な統合を、左脳の能力では十分にこなせないのだ——。

左脳は一つの答えに集中し、右脳は統一的全体へと分散していく。

左脳はカテゴリーに、右脳は関連性に焦点を絞る。

左脳は細部をとらえることができるが、全体像を見ることができるのは右脳だけだ。

これらすべてのことが、脳のＭＲＩスキャン結果からも確認できた。

●「人の顔」から一瞬ですべてを読み取る能力

脳の下部に、アーモンドのような形をした二つの組織がある。ここはいわば脳の「国土安全保障省」のような働きをしている。

「小脳扁桃《しようのうへんとう》」と呼ばれるこれらの組織は感情、特に恐怖感の処理において、重大な役割を果たしている。左右両半球に一つずつあり、私たちに脅威が襲ってくるのを警戒している。

当然のことだが、ＭＲＩの中で気が動転した人々や不安な気持ちになる映像を見せられたとき、私の小脳扁桃は警戒警報を発していたわけだ。だが、左右どちらの小脳扁桃が警告を発していたかは、私が目にした映像によって大きく異なっていた。

脳のスキャン映像からは、顔の写真を見せられたときには両方の小脳扁桃が活動していたが、右のほうが左の小脳扁桃よりもずっと活発だったことがわかった。

だが、その他の写真を見せられたときには、左のほうが右よりも活発になっていた。この結果は、すでに知られている脳の左右半球の特徴と一致している。

左脳はなぜ、顔以外の写真を見せられたときのほうが活発に反応したのだろうか。それは、それぞれの場面を正確に見極めるためには、次々と変わっていく映像を素早く判断する能力が必要で、これは左脳の得意とするところだからである。

40ページの写真と、そこから展開される論理を考えてみよう。

「これは銃だ。銃は危険だ。男はこちらに銃を向けている。これは恐ろしい状況だ……」となる。そこで私の左側の小脳扁桃がびっくりして飛び上がり、警報装置のボタンを押す。対照的に、顔写真を見ていたときには、同じ左側の小脳扁桃は比較的落ち着いていた（完全に活動していなかったわけではない）。これは非常に数多くの研究からもわかるように、顔の認識と表情の解釈をおもに扱うのが右脳だからである。

私たちはまず目を見て、鼻を見て、それから口を見る、という見方はしないのだから、連続的で分析的な判断には頼らない。必要なのは、顔の各部分を同時に読み取り、それらの詳細情報を一つの大きな全体像としてまとめ上げる能力なのである。

私の小脳扁桃の反応が違っていたことには、まだ他の理由もある。

銃を向けられている状況は恐ろしいものであるという理解は、私たちがすでに「知っている」ことである。私が参加した国立衛生研究所でのプロジェクトを指揮した神経科学者のアーマッド・ハリーリによると、このような映像に対する反応は、

「おそらく、これまでの経験や社会的コミュニケーションを通じて学び取ったものであり、そ

れゆえ、左脳半球に完全に依存はしないにせよ、そこから引き出されたのだと思われる」

もし、一度も銃を見たことがなく、銃は危険なものだと知らない人に同じ映像を見せたとしたら、恐怖というよりも当惑したような反応をするかもしれない。

しかし、39ページの顔写真を、今まで一度も白人の女性を見たことがないという人とか、自分の村の人以外の人間に会ったことがないという人に見せたとしても、やはり表情を読み取ることはできるだろう。

実際、これと同じことを、この映像セット（「表情コード化システム」と呼ばれる）の開発者で本書の第2部4章でも登場する、カリフォルニア大学サンフランシスコ校のポール・エクマン教授が発見している。教授は、大学の学生から、遠くニューギニアに住む部族までを幅広く対象にして、表情をテストする研究を三五年にわたって続けてきた。その研究によると、「二つの異なる文化に属する人たちが、同じ表情の顔から、異なる感情を読み取った例は一度もなかった」という。

というわけで、私の脳は外見上、普通の脳であるだけでなく、その活動においても普通の脳であることがわかった。両半球がともに働いているが、それぞれ専門的に扱う機能は異なっている。左脳は論理、連続性、文字通りの解釈、分析を担当し、右脳は統合、感情の表現、文脈、全体像の把握、などを行なうのである。

●バランスのとれた「右脳プラス左脳思考」とは

こんなジョークがある。

世の中には二種類の人間がいる。

あらゆるものを二つのカテゴリーに分けられると信じている人間と、それ以外の人間。

人間というものはどういうわけか、対照的なものの組み合わせとして世の中を眺めようとする。東対西、火星対金星、論理対感情、左対右……。たいていの分野ではどちらか一方を選ぶ必要はないし、むしろ一方を選ぶことは危険であることが多いにもかかわらず、である。

たとえば、感情を伴わない論理は、スタートレックのスポック船長のようなぞっとする存在である。

論理を伴わない感情は、時計がいつも狂っていてバスが常に遅れてくるような、ヒステリックで涙が出そうな世界である。結局、陰は常に陽を必要としているのだ。

これは人間の脳についても確かに当てはまることだ。

二つの脳半球はオーケストラの二つのパートのように協力し合って働いている。もし、一方が楽器を片づけて帰ってしまったら、そのコンサートはまったくダメになってしまうだろう。
この点について、マクマナスは次のように述べている。

――右脳と左脳を別々に語ることがどれほど魅力的であっても、実際にそれら二つの半球は協働することで全体として統合的に機能し、一個の完全な脳を形成するようにできているのである。左脳は論理の扱いかたを、右脳は全体観について知っている。これら二つを合わせることで、強力な思考マシンとなるのだ。片方だけを単独で働かせても、おかしな、あるいはバカげた結果をもたらすだけだ――。

つまり、健康で幸福な人生をうまく歩むには、左右どちらの脳半球も欠かせないのである。しかし、左右両半球の機能の対照性から、個人、組織、文化がどのように歩んでいけば良いのかという点について説得力のある「比喩」を読み取ることができる。

ロジカルで連続的で、コンピュータのような論理のほうが性格に合っているという人もいる。そういう人は弁護士や会計士、エンジニアなどになる場合が多い。

一方、直観的で本能的で、非線形な考えかたのほうがしっくりくる人もいて、彼らは発明家やエンターテイナー、カウンセラーなどの職を選ぶ傾向がある。そして、そのような個人的傾向は、家族、組織、社会の構成にも反映されていく。

まず一つ目のアプローチを「左脳主導思考」と呼ぶことにしよう（注――人間の行動の中で、厳密にどちらか一方の脳半球のみによってコントロールされているものはほとんどない。そのため、「左脳思考」や「右脳思考」といったより便利な言葉を避け、「左脳主導思考」「右脳主導思考」という言葉を使うことにした）。

これは連続的、逐語的、機能的、分析的といった、左脳に特徴的な傾向を備えたものの見方や考え方である。

「情報化時代」を支配したアプローチで、コンピュータプログラマーなどがその好例である。手堅い会社組織でもてはやされ、学校でも強調されてきたこのアプローチは、左脳の特性によって、左脳的結果を生み出すための思考である。

もう一つのアプローチは、「右脳主導思考」である。

これは、同時性があり比喩的、美的、文脈的、統合的といった右脳の特徴が備わったものの見方や考えかたである。

「情報化時代」には強調されることもなかったアプローチで、例としてはクリエイターや介護従事者などがあげられる。組織においては不当に扱われ、学校では軽視されてきた。右脳の特性を用いて、右脳的結果を生むためのアプローチ、と言える。

もちろん、私たちが人生をうまくまっとうし、建設的で公正な社会を築いていくためには、両方のアプローチが必要である。

だが、この明白な論点をことさら強調せざるを得ないと感じてしまうのは、私たちがいかに還元主義（複雑多様な事象をすべて単一レベルの基本的な要素に還元して説明しようとする立場）や、「1」か「0」かという二進法的思考にとらわれていたかということを、さらに明確に指摘する必要があるからだろう。

いろいろな科学的証拠に乗じて右脳を至上のものと考える人たちがいるにもかかわらず、今も左脳を重要視する傾向は根強く残っている。

広範な文化において、右脳主導思考よりも、左脳主導思考のほうが高く評価され、左脳主導型のアプローチを大切にする一方で、右脳型アプローチは役には立つが副次的なものである、と考えられているのだ。

しかし、この状況も変わりつつある。そして、私たちの生活は劇的に変化するだろう。

これまで、左脳型の思考が「運転手」で、右脳型思考は「客」であった。だが、今では「右脳主導思考」が突然ハンドルを握り、アクセルを踏んで、これからどこへ行くのか、どうやって行くのかを決定するようになった。

SAT（大学進学適性試験）で測定する能力やCPA（公認会計士）になるのに必要な能力といった左脳型の能力は、今でも必須のものである。

だが、もはやそれだけでは十分ではない。

その代わりに、これまで軽視され、顧みられないことが多かった右脳型の能力、つまり芸術的手腕、他人との共感、長期的視野、超越したものを追求する能力、といったものの有無が、人生で高く飛躍できるか、つまずいてしまうかを大いに左右するようになるだろう。めまいがしてきそうだが、結果的には新たな息吹を吹き込んでくれそうな変化である。

そこで、次章では、なぜこのような変化が起こってきたのかを考えてみようと思う。

2 これからのビジネスマンを脅《おびや》かす「3つの危機」

●原因は「豊かさ、アジア、オートメーション」

私が少年時代を過ごした「スリルに満ちた一九七〇年代」を振り返ってみよう。

当時アメリカでは、中流家庭の親たちは、子どもたちに判で押したように同じことを言い聞かせていた。

「良い成績をとりなさい」「大学へ行きなさい」「人並みの生活が送れて、できれば少しばかり人から尊敬されるような職業に就きなさい」

数学や科学が得意なら医者に、国語や歴史が得意だったら弁護士になれと言われた。

血を見ることに耐えられず、弁が立つほうでもない、という人は会計士を勧められた。

その後、机の上にコンピュータが置かれ、CEOたちが雑誌の表紙を飾る時代になると、本当に数学や科学が得意な若者はハイテク業界へ進み、その他大勢は、MBAこそ成功のカギだと考えてビジネス・スクールに押し寄せた。

弁護士、医者、会計士、エンジニア、会社経営者。優れた経営学者であるピーター・ドラッカーは、このような職業の人を「ナレッジ・ワーカー」と名づけた。

多少不正確ではあるが、今も使われ続けている言葉だ。ナレッジ・ワーカーとは、「体力や手先の器用さではなく、学校で学んだ知識を活かして報酬を得ている人々」であるとドラッカーは述べている。彼らと他の職種の人々との違いは、「理論的、そして分析的知識を吸収し、それを適用していく能力」があるかどうか、である（言い換えれば、彼らは「左脳主導思考」に秀でている）。

彼らが多数派になることはないかもしれないが、

「これから出現しつつある知識（ナレッジ）社会の象徴的な存在となり、社会の枠組みを形成し、主導者となっていくであろう」

と、ドラッカーは言う。ドラッカーの指摘はいつもながら的確だ。確かに、ナレッジ・ワーカーと彼らの思考スタイルが現代社会の枠組みや特徴、そして主導者たちを形作ってきた。

ナレッジ・ワーカーになるためには、中流階級のアメリカ人なら誰もが通らなければならない関門がある。

たとえば、ＰＳＡＴ（進学適性予備試験）、ＳＡＴ（大学進学適性試験）、ＧＭＡＴ（経営大学院進学適性試験）、ＬＳＡＴ（法科大学院進学適性試験）、ＭＣＡＴ（医学大学院進学適性試験）などである。末尾の二文字以外の文字が示す共通点に気づいただろうか。これらの試験は、どれも左脳主導思考に欠かせない能力を測定するためのものである。

論理力と分析力が必要で、受験者はコンピュータのように正確に一つの正答を導き出さなければならない。設問は直線的かつ連続的で、制限時間もある。一つの問題に対し、一つの答えを選び、次から次へと問題をこなす……これを時間がなくなるまで続ける。

これらの試験は、能力主義中流社会への重要な登竜門である。ＳＡＴ体制（受験）なるものが形成され、良い生活を手に入れるためには論理的、連続的かつ迅速な判断能力が必要とされた。

しかもこれは、アメリカ社会だけの現象ではない。

イギリスの入学試験から日本の受験塾まで、ほとんどの先進国で「左脳型ナレッジ・ワーカー」の育成にかなりの時間と財源を注ぎ込んでいるのだ。

このやり方は成功をもたらした。上流階級の特権を打破し、さまざまな人に教育と職業選択の機会が開かれた。また、世界の経済的発展が促進され、生活水準も向上した。

だが、そのＳＡＴ体制も、今は終焉《しゅうえん》を告げつつある。

この体制によって育てられ、私たちに恩恵をもたらしてきた「左脳主導思考」は今も必要ではあるが、もはやそれだけでは十分ではない。私たちは、成功するためには「右脳主導思考」がますます重視される時代を迎えつつあるのだ。

このニュースは、ある人にとっては喜ばしいことではあるが、冗談じゃないと感じる人もいることだろう。本章はおもに後者、つまり、いままで親の忠告に従い、各種適性試験で好成績を収めてきた人たちのために書かれている。

私の説が信頼できるものだとわかっていただくために、なぜ、このような変化が生じたのかについて、左脳型のきっちりした「原因と結果」の関係で説明することにしよう。

原因は、「豊かさ、アジア、オートメーション」であり、その結果、「左脳主導思考の相対的な重要度が低下し、右脳主導思考の重要度が増した」のである。

●第一の危機——「過剰な豊かさ」がもたらす新しい価値観

もう一つ、一九七〇年代の思い出を紹介しよう。

毎年八月になると、私の母は子どもたちをつれて、九月から始まる新学期用の新しい服を買いに出かけた。

行き先は決まって、オハイオ州中心部にある三つの大きなショッピングセンターの一つ、「イーストランド・モール」だった。

そして、「シアーズ」や「JCペニー」といった全国チェーンのデパートや、「ラザルス」などの地元のデパートへ行った。これらの店には子供服売り場があって、たくさんの商品棚から服を選ぶことができた。モールには、この他にも規模も品数も少ないが、三〇ほどの店があり、各デパートの間を結ぶように並んでいた。

当時の多くのアメリカ人と同様、私たち家族も「イーストランド」のショッピングモールや、空調の整った屋内ショッピングセンターこそ、現代の豊かさの極みだと考えていた。

だが、私の子どもたちは、このような巨大ショッピングセンターなど、おもしろくないらしい。なにしろ、ワシントンDCの自宅から車で二〇分も行けば、巨大ショッピングセンターが約四〇カ所もあるのだ。センターの規模も品揃えも、土地の広さも、三〇年前にはなかった素晴らしさだ。

バージニア州北部の「ルート1」沿いにある「ポトマック・ヤーズ」を例にとってみよう。

八月のある土曜日の朝、私は妻と三人の子どもたちを連れて、新学年に必要なものを買いに出かけた。

「ポトマック・ヤーズ」に着くと、まず一番端にある大型店に入り、婦人用品売り場で、モッシーモのトップスとセーター、メローナのブレザー、アイザック・ミズラヒのジャケット、リズ・ランジのマタニティウェアを選んだ。

子ども服売り場も同じように広くて、流行の商品が揃っている。イタリア人デザイナー、モッシーモは、子供向けのあらゆるアイテムも手がけていて、二人の娘に買ったベロアのパンツスーツもそうだ。私が子どもだった一九七〇年代と比べると、品数はあきれるほど豊富で魅力的で興味を引かれるものばかりだ。

だが、このスタイリッシュな子ども服と、一九七〇年代の平凡な服を比べてみると、さらに注目すべき違いがある。価格が安いのだ。高級ブティックでなかったからかもしれないが。

私たちが買い物をしたのは「ターゲット」というデパートだが、ベロアのモッシーモのアンサンブルが一四ドル九九セント（約一七〇〇円）、レディースのトップスが九ドル九九セント（約一二〇〇円）だ。妻が買ったアイザック・ミズラヒのスエードジャケットは、なんと四九ドル（約五七〇〇円）である。

数列先の通路には家具売り場があり、トッド・オールダムデザインの家具が、かつて私の両親が「シアーズ」で買っていた値段よりも安い値段で売られていた。店内いたるところに、見た目も良く、低価格な商品が大量に並べられていた。しかも、おもに中流階級の顧客を対象にした「ポトマック・ヤーズ」の中で、「ターゲット」は数ある店の一つにすぎないのだ。

その隣には「ステープルズ」があって、一八〇〇平方メートルの売り場に七五〇〇種類もの学用品やオフィス用品が並んでいる（このような「ステープルズ」の店舗は、アメリカとヨーロッパに一五〇〇店以上ある）。

ステープルズの隣は「ペッツ・マート」で、負けず劣らず広大な店だ。

この店は、アメリカとカナダで六〇〇もの店舗を展開するペット用品チェーン店で、一つの店舗でペット用品やペット向けサービスを一日平均一万五〇〇〇ドル（約一七五万円）も売り上げる。この店にはペット用の美容室まで併設されている。

ペッツ・マートの隣は「ベスト・バイ」という電器店。

ここは、電化製品を扱う大規模小売店で、売り場面積は私たちの家がある住宅街のひと区画よりも広い。その一角が、ホーム・シアター製品のコーナーになっていて、プラズマ、ハイビジョン、フラットテレビなどの各種テレビが競い合うように並べられている。サイズも四二インチから四七インチ、五〇インチ、五四インチ、五六インチ、そして六五インチと揃っている。電話機のコーナーには、私が数えただけでも三九種のコードレス電話が展示されていた。

そして、これら四つの店を合わせても、ショッピングセンター全体の三分の一にすぎないのだ。

だが、「ポトマック・ヤーズ」で特に注目すべきなのは、それがまったく普通のショッピングセンターだという点である。大量の商品が並んだ、これと似たようなショッピングセンターは、アメリカ中いたるところにあるし、ヨーロッパやアジアの一部でも増えつつある。このような「消費の聖地」は、現代社会の激しい変化が目に見える形で現れたほんの一例にすぎない。

これまでの人類史の大半は「欠乏」という言葉で象徴されてきた。だが、今日、多くの国々で社会・経済・文化生活を特徴的に表わす言葉はあふれる「豊かさ」なのである。

左脳の働きのおかげで私たちは豊かになった。

ドラッカーの言う、多くの「ナレッジ・ワーカー」によって推進されてきた情報経済は、多くの先進諸国における生活水準を、一〇〇年前には想像もできなかったほど高いレベルにまで押し上げた。

この豊かな時代の例をいくつかあげてみよう。

▼ほぼ二〇世紀全般を通じて、大抵の中流アメリカ人の夢は、家と車を持つことだった。今ではアメリカ人の三分の二以上が持ち家に住んでいる（実際、購入された家の約一三％はセカンドハウスとして使用されている）。車に関しては、アメリカ国内には運転免許所持者を上回る数の車がある。つまり、平均すると、免許保有者の一人に一台の割合で車を所持していることになる。
▼個人向けの貸し倉庫業（日本でいう「トランクルーム」のようなビジネス）が、アメリカでは年間一二〇〇億ドル（約一兆四〇〇〇億円）という収益を上げ、映画産業全体をもしのぐ一大

産業になった。しかも、この産業は他の国ではもっと急激に成長している。
▼私たちは収納しきれなくなったモノは、簡単に処分してしまう。ビジネス・ライターのポリー・ラバールはこんなふうに述べている。
「世界の九〇の国々であらゆるものが買えるほどのお金を、アメリカでは、ゴミ袋のために使っている。つまり、不用品を処分するための『ゴミ箱』に、世界の約半分の国々で消費されるすべての品物にかかる費用よりも、多くの費用をかけているのである」


だが、豊かさは皮肉な結果も生んだ。

「左脳主導思考」は成功したが、その重要性・価値は下がってしまったのだ。

「左脳主導思考」がもたらした急激な繁栄により、それほど合理的ではなく、右脳的感覚に訴えるもの、つまり美しさや精神性、感情といったものに、より大きな価値が見出されるようになったのである。

ビジネスの世界では、手ごろな価格で十分な機能が備わった製品を製造するだけではもはや不十分なのだ。同時に美しく、ユニークで、意味があり、ヴァージニア・ポストレルのいう「美的法則」に則ったものを作らなくてはならない。

この変化を最も顕著に表わしているのは、先ほどの「ターゲット」の例でもあったように、新中流階級の人々がデザインにこだわるようになったという点である。

先ほど述べたような世界的に有名なデザイナーだけでなく、巨匠カリム・ラシッドやフィリップ・スタークも、人並みの教養のある典型的な中流階級をターゲットにした店に並んだあらゆる商品を手がけている。

ラシッドがデザインしたおしゃれな「ポリプロピレン製ゴミ箱」が、ターゲットとその他の小売店を合わせて三〇〇万個近く売れたという。

デザイナー・ブランドのゴミ箱！　これについて、読者の左脳のために説明しよう。

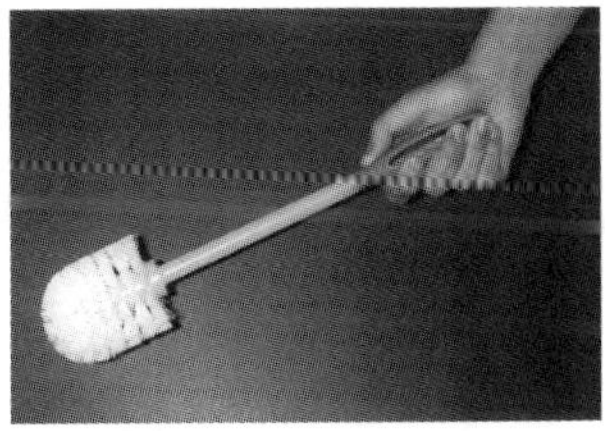

あるいはこの商品でもいいだろう。

同じ日に私が「ターゲット」で購入したものだ。

これはトイレ用の掃除ブラシで、プリンストン大学の建築学科教授で、世界で最も有名な建築士兼製品デザイナーでもあるマイケル・グレイブスのデザインによるものだ。

価格は五ドル九九セント（約七〇〇円）。

豊かな時代の流れに逆らおうとしたところで、多くの人は結局、美しいゴミ箱やトイレ用ブラシを見つけることぐらいしかできなかった。ありふれた日用品を欲望の対象へと転化させたのである。

豊かな時代では、合理的、論理的、そして機能的な必要に訴えるだけではとうてい利益は上げられない。

エンジニアは、製品を正しく動作させることを考えなければならない。だが、同時にそれらの製品が、見た目に美しく顧客の心をひきつけるものでなければ、まず買ってくれる人はいないだろう。他にも選択肢はたくさんあるのだ。個人や会社が、物がひしめき合った市場の中で差別化を図るためには、デザインや共感、遊び心などの、一見「ソフトな資質」が最も重要なアプローチとなるのである。

豊かさのおかげで、「右脳主導思考」も重要なアプローチとして評価されるようになった。臨終を迎え、人生を振り返ったとき、

「私はいくつか過ちを犯したが、二〇〇四年に、あのマイケル・グレイブスのトイレブラシを折ってしまったことは悔やんでいる」

などと言うだろうか。

豊かさは私たちの生活に多くの恩恵をもたらしてくれたが、物質的な豊かさが必ずしも私たちを以前より幸福にしてくれたわけではない。生活水準は一〇年単位でどんどん向上してきたのに、個人や家族の生活の満足度は少しも変わらなかったという点に、繁栄のパラドックスがある。

だから、繁栄によって教育を受けたり、職業を選択したりする自由は得られたものの、満た

されなかった多くの人々は、生きる意義を追求することでこの矛盾を解決しようとしているのだ。

コロンビア大学のアンドリュー・デルバンコは、

「現代文化の最も際立った特徴は、超越したいと願う渇望が癒されていない点である」と説明している。

ショッピングを大いに楽しめる、まずまず裕福な先進国社会を訪れてみると、この「超越への渇望」を垣間見ることができる。

かつては風変わりな鍛錬法と思われていたヨガや瞑想が、現在では職場でも本や映画のテーマにも取り上げられ、精神性を高める手段の主流となっている。

「目的や意義の追求」が、私たちの生活に不可欠なものになってきたのである。

世界中の人々が「日々の生活」に重きを置くのではなく、「より広い視野をもって人生をとらえる」ようになってきたのだ。

もちろん、物質的な豊かさは、途上国の多くの人々はいうまでもなく、先進国でもすべての人に行き渡っているわけではない。それでも豊かさによって、文字通り、何億人もの人々が日々生き延びるために、もがき苦しむことから解放された。

そして、ノーベル賞を受賞した経済学者ロバート・ウィリアム・フォーゲルが言うように、「（豊かさは）全人口のほんのひと握りの人のものであった『自己実現の追求』を、ほとんどすべての人に広げることを可能にしたのである」

これでもまだ納得がいかない、という少数読者のために、決定的かつ明快な統計を紹介しよう。

電気照明は一世紀前には非常に珍しいものだったが、今ではごく当たり前のものである。電球は安い。電気はどこにでもある。ロウソク？　誰がロウソクを使うのだろう？

しかし、使う人はたくさんいるらしい。アメリカでは、ロウソクは年間二四億ドル（三〇〇〇億円弱）規模のビジネスである。照明用という論理的な必要性を超えたところに、最近の豊かな国々で見られるようになった「美しさや超越への欲求」があるからだ。

●第二の危機――次から次へと湧き出す「競争相手」

次の写真に写っている四人は、この本を執筆するためのリサーチを通じて知り合った人たちだ。

彼らこそ、まさに本章冒頭で述べた「ナレッジ・ワーカー」を体現している。

多くの聡明な中流階級の子どもたちがそうであったように、彼らも両親の忠告にしたがった。

高校で良い成績を修め、有名大学でエンジニアリングかコンピュータ・サイエンスの学位を取得し、現在は大きなソフトウェア企業で働き、北アメリカの銀行や航空会社向けのコンピュータ・プログラムを開発している。

ハイテクな仕事をこなす彼らだが、誰一人として一万四〇〇〇ドル（約一六〇万円）を超える年収を得ている人はいない。

ナレッジ・ワーカー諸君！　彼らが新たな競争相手だ。

インドのムンバイで働く人たちで、名前は、アパルナ、スリヴィジャ、ラリット、カヴィタ、カマル、リテッシという。

近年、アウトソーシング（ＢＰＯ＝間接業務の国境を超えた委託）問題ほど論争を巻き起こし、人々の不安をかき立てた話題はない。

この六人のプログラマーや、インド各地やフィリピン、中国などで同様の職業についている人たちが、北アメリカやヨーロッパのソフトウェア・エンジニアや左脳的職業につく人々を大いに脅かしていて、その結果、抗議、ボイコット、そして多くの政治問題を引き起こしている。

インドのプログラマーたちが行なっているプログラミングの仕事は、多国籍企業で必要とされる最高に複雑なプログラムではないものの、ごく最近までアメリカ国内でほぼ独占的に行なわれていた仕事であり、この仕事のおかげでホワイトカラーたちは年収七万ドル（約八二〇万円）程度の十分な収入を得ていた。

その同じ仕事を、今では二五歳のインド人が、アメリカ人以上とは言わないまでも、変わりないスピードで申し分なくこなしている。そして彼らに支払われる報酬は、タコ・ベル（ファストフードのタコス店）のアルバイトのレジ係程度なのだ。

西欧の水準からすれば少ない給料ではあるが、標準的なインド人の給料のおよそ二五倍にあたる。それで彼らはバカンスを楽しみ、マンションを所有するといった、「中の上（アッパーミドル）」クラスの生活を手に入れることができるのだ。

だが、ムンバイで知り合った、高い教育を受けた六人のプログラマーは、世界的規模で押し寄せている動きから見れば、ほんの大河の一滴にすぎない。

インドの大学では、毎年三五万人のエンジニアを輩出している。

これが、ビジネス誌『フォーチュン』が選ぶ「フォーチュン五〇〇」のうち半分以上の企業が、現在、ソフトウェア関連の仕事をインドに外注している理由の一つである。

たとえば、ゼネラル・エレクトリック（GE）社のソフトウェアの四八％はインドで開発されたものだ。実に二万人もの人材を現地で雇った（彼らのインド事務所には「不法侵入者は採用されます」などというポスターまで貼られていたらしい……）。

ヒューレット・パッカードは、インドで数千人のソフトウェア・エンジニアを雇っているし、シーメンスもインドで三〇〇〇人、さらに一万五〇〇〇人分の同様の仕事を海外に委託している。

オラクルには五〇〇〇人のインド人スタッフがいる。

ITコンサルタント会社であるインド系大企業ウィプロでは、およそ一万七〇〇〇人のエンジニアが、ホーム・デポやノキア、ソニーの仕事を請け負っている。

同様の例は数限りなくある。

GEインドの最高経営責任者が、ロンドンの『フィナンシャル・タイムズ』紙に次のように語っている。

「アメリカ、イギリス、オーストラリアなど、英語圏市場で行なわれている仕事なら、何だってインドでやれますよ。唯一、それを妨げるのは、(使う側の)想像力ですね」

実際、想像力を働かせた結果、コンピュータ・プログラマーに限らず、幅広い職種の仕事がインドで行なわれるようになってきた。

リーマン・ブラザース、ベア・スターンズ、モルガン・スタンレー、JPモルガン・チェースなどの金融サービス業は、企業会計や財務分析などをインド人MBA取得者に委託している。

ロイター通信社では、金融情報サービスの簡単な編集業務を外注するようになった。

こうして、アメリカ人のために所得申告を行なう公認会計士やアメリカ国内の訴訟について判例検索をする弁護士、アメリカの病院から委託されてCATスキャンの画像を読む放射線専門医が、インド各地で見られるようになったのだ。

だが、これはインドに限ったことではない。あらゆる種類の左脳主導型ホワイトカラーの仕事が諸外国へ移行しつつある。モトローラやノーテル、そしてインテルは、ソフトウェア開発の拠点をロシアに置いているし、ボーイング社も航空工学部門の大部分をロシアに移している。コンピュータ・サービス業界の巨大企業、エレクトロニック・データ・システムズもエジプト、ブラジル、ポーランドなどにソフトウェア開発者を抱えている。

カリフォルニアにあるデザイン会社では、ハンガリー人たちが基本的な設計図を描いているし、キャップジェミニ・アーンスト&ヤング（ＣＧＥＹ）の会計監査を担当する会計士団はフィリピン人である。

また、オランダ企業フィリップスは、中国で七〇〇人のエンジニアを雇っている。現在、中国では毎年、アメリカとほぼ同数のエンジニアを世に送り出しているのだ。

最大の理由は賃金である。

一般的なアメリカ人の半導体設計者は、月収七〇〇〇ドル（約八二万円）を稼ぐが、インド人デザイナーなら約一〇〇〇ドル（約一二万円）である。

アメリカの一般的な航空エンジニアの月収は約六〇〇〇ドル（約七〇万円）だが、ロシアでは月給六五〇ドル程度（約七万五千円）だ。

また、アメリカの会計士は月に五〇〇〇ドル（約六〇万円）稼ぐが、フィリピンなら三〇〇ドル（約三万五〇〇〇円）。だが、一人当たりの年収が五〇〇ドル程度という同国の水準に照らせば、これでも決して少ない額ではない。

世界各地で活躍する多くのナレッジ・ワーカーにとって、この新たな環境は夢のようなものだ。だが、ヨーロッパやアメリカの左脳型ホワイトカラー労働者にとって、この状況が意味するものは悪夢以外の何ものでもない。

例をあげよう。
▼アメリカのコンピュータ、ソフトウェア、情報技術産業における仕事の一〇％が、今後二年間のうちに海外へ移行される。二〇一〇年までにはＩＴ関連の仕事の四分の一がアメリカを離れることになる。
▼フォレスターの調査によると、二〇一五年までには「三三〇万人分のホワイトカラーの仕事と、一三六〇億ドル（約一六兆円）の労働賃金がアメリカからインド・中国・ロシアなどのより低コストの国々へ移行する」という。
▼日本、ドイツ、イギリスなどでも同じように仕事が失われる。イギリスだけでも、今後数年の間に二万五〇〇〇人分のＩＴ関連職と、最大三万人の財務職が、インドやその他の発展途上国に奪われる。そして、二〇一五年までに、ヨーロッパ全体で一二〇万人分の職が海外に移行される。

この問題に関する懸念の多くは、現実とはかけ離れたものである。

私たちは、明日いきなり仕事を失うわけではない。短期的には、アウトソーシング、あるいはオフショアリング（業務の海外移転）とも呼ばれる動きが過剰に取りざたされても、長期的に見れば、それほど騒がれなくなることだろう。

地球の裏側の国との通信コストが実質的にゼロに近くなり、今後も途上国が極めて優秀なナレッジ・ワーカーを何百万人も生み出し続ければ、北アメリカやヨーロッパ、日本などでの労働環境は劇的に変化する。

押しなべて言えば、財務分析、放射線医学、コンピュータ・プログラミングなど多くの種類の「左脳主導型」ルーチン・ワークは、よりコストの安い海外で行ない、光ファイバー網を通じて瞬時に顧客に届けられる――そんな仕事の形態になっていくだろう。

多くの人にとって、この大変革は苦痛を伴うものかもしれないが、実はこれは私たちがかつて経験した変化とさほど変わりはない。これは二〇世紀後半に大量生産を行なう定型的な仕事が海を越えて（日本などへ）移転していったのと、まさに同じことなのだ。そして、それらの工場労働者たちが、新しい技術を身につけ、鋼を曲げる代わりに画素をいじる方法を学ばねばならなかったのと同じように、今日のナレッジ・ワーカーの多くも、新しい能力を身につけなくてはならない。

海外の安い働き手にはできないようなレベルの仕事をする必要があるのだ。

「業務を処理すること」よりも、「人間関係を結ぶこと」、「ルーチン・ワークをこなすこと」よりも、「斬新な課題に取り組むこと」、「一つひとつの要素を分析する」よりも、「全体像をまとめ上げること」など、「右脳主導型」の能力を活かすのである。

●第三の危機——そんな脳では、すべて「代行」されてしまう！

もう二人、ご紹介したい。

一人は実在したかもしれない、ある偶像化された人物である。

もう一人は、実在の人物で、おそらく本人にとっては残念なことだろうが、偶像化されてしまいそうな人物である。

一人目は、この人。アメリカの切手にも描かれ、不朽の名声を得ている人だ。
たいていのアメリカの小学生なら知っているが、ジョン・

ヘンリーは鉄道線路作業員だった。

生まれたときからハンマーを握っていたという彼は、計り知れないほどの強さと誠実さの象徴である（残念なことに、彼が実在したかどうかは定かではない。多くの歴史家によると、彼は南北戦争後に鉄道の工事現場で働いていた奴隷だったというが、それを証明できる人は一人もいない）。

ジョン・ヘンリーは、鉄道トンネルを山腹に開通させる作業に従事していた労働者たちの一人だったとされている。だが、彼は決して平凡な労働者ではなかった。誰よりも早く力強くハンマーをふるうことができたのである。やがて彼の屈強さが巷《ちまた》で評判となっていった。

そんなあるとき、一人のセールスマンが労働者宿舎に、新しい蒸気ドリルを持って現れた。

「どんなに力の強い男でも、これにはかなわないはずだ」

という。すると、ジョン・ヘンリーが、

「歯車と潤滑油でできたものが人間の筋肉にかなうはずがない」

と、あざ笑った。そして、

「人間と機械と、どちらが早く山に穴を開けられるか競争しようではないか」

と申し出たのだ。

翌日の午後、勝負が始まった。

蒸気ドリルは右側、ジョン・ヘンリーは左側だ。

最初は機械がリードしたが、ジョン・ヘンリーもすぐに巻き返した。双方が穴を掘り進むにつれ、岩の塊がぼろぼろと落ちてくる。ほどなくしてジョン・ヘンリーが追いついた。そして最後の最後に蒸気ドリルを抜き去り、先にトンネルを貫通させたのである。

仲間の労働者たちは大喜びした。だが、人間の限界をはるかに超える仕事をやり遂げた彼は疲労のあまりその場に倒れ、死んでしまったのである……。

この話が広まり、詩や本の題材となり、彼の死は産業社会における寓話となった。機械は人間よりも優れた仕事ができるかもしれないが、その結果、人間の尊厳が犠牲になった、というのである。

では、もう一人の人物を紹介しよう。

ゲーリー・カスパロフはチェスの世界チャンピオンだ。

当代最高の、そしておそらく歴史上最高のチェス・プレーヤーである。彼もまた、現代の「ジョン・ヘンリー」である。

超人的能力の持ち主だと思われていたが、機械には負けてしまったのだ。

カスパロフは、一九八五年に初めてチェスの世界チャンピオンに輝いた。

ちょうどそのころ、いくつかの研究グループがコンピュータにチェスをさせるプログラムを開発し始めていた。その後一〇年間、カスパロフは無敗を誇っていた。そして、一九九六年には、当時最強のコンピュータ・チェス・プログラムを打ち負かしたのである。

そして一九九七年、カスパロフはさらに強力なマシンと対戦した。

「ディープ・ブルー」と名づけられた、IBM製の一・四トンもあるスーパーコンピュータを相手に行なった全六回戦を「脳の限界への挑戦」と呼ぶ人もあった。

だが、多くの人が驚いたことに、カスパロフは「ディープ・ブルー」に敗れてしまったのである。

専門誌『インサイド・チェス』の表紙に掲載された「ハルマゲドン（神と悪魔の最終戦争）だ！」という見出しが、この対戦の経過をひと言で言い表わしている。

カスパロフ本人も、また、すべての生身の左脳型人間たちもリベンジを求めたため、別のコンピュータを相手に再試合を行なうことになった。
今度は「ディープ・ジュニア」という名の、さらに高い能力を誇るイスラエル製のコンピュータで、過去三度、世界コンピュータ・チェス選手権に優勝したマシンである。
チェスはいろいろな面で、左脳の活動の典型的なものだと言える。感情に左右される部分がほとんどなく、記憶力と合理的な思考、そして人間離れした計算力に依存するところが大きいゲームであるが、このうち、二つの能力については、コンピュータのほうが優れている。

カスパロフは盤を見ると、一秒間に一から三手を読めるという。一方の「ディープ・ジュニア」はというと……彼よりも少々、デキがいいようだ。何しろ一秒間に二〇〇万から三〇〇万通りもの手を考えられるのだから。

それでもカスパロフは、人間には六四個のマス目からなるチェス盤を支配し得る、何らかの優位性が備わっている、と信じていた。

二〇〇三年のスーパーボウルが行なわれた同じ日曜日、カスパロフは華麗なニューヨーク・ダウンタウン・アスレチッククラブへと乗り込み、再び、人間対機械の壮大な戦いに挑んだ。一〇〇万ドル（一億円超）の賞金をかけた六回勝負である。

何百人ものファンが会場に足を運び、何百万人もの人がインターネットで試合の経過を見守った。

一回戦はカスパロフが勝ち、二回戦は引き分けに終わった。三回戦は最初、カスパロフが優勢だったが、まさに勝利を手中に収める寸前で「ディープ・ジュニア」の罠《わな》にかかり、負けてしまった。

そして四回戦、カスパロフの試合運びは一貫性を欠いたが、どうにか引き分けに持ち込んだ。しかし、二回戦を落としたショックは強く、「眠ることができず、自信を失ってしまった」と、後に彼自身が認めるほど動揺していた。

五回戦はまた引き分けとなり、勝負の結末は、最後の第六回戦に持ち越されることになった。

六回戦が始まり、早々にカスパロフが優位に立った。

『ニューズウィーク』誌は後に、

「カスパロフは、相手が人間ならば攻撃的に駒を進め、勝ちをつかみに行くが、このときの相手は人間ではなかったのである」

と伝えている。

彼は自信のなさからごく些細《ささい》なミスを犯し、それによって、がっくりしてしまったのだ。これは、感情のないマシンではありえないことである。

さらに悪いことには、相手に優位に立たれた時、「相手は優れたプログラムを組み込まれた機械だから、相手がミスを犯して再び自分に主導権が転がり込むことなどあり得ない」と感じ、希望をなくしてしまったのだ。これも人間相手なら考えられないことだ。

このような思考が頭一杯に広がったため、偉大なカスパロフでさえ力を失ってしまい、その思いを最後までひきずってしまったのだ。

結局、最終戦も引き分けとなり、勝負の結果も引き分けに終わった。

人間には機械より優れたところがたくさんある。だが、チェスの場合、あるいは規則的なロジックや計算、連続的思考にもとづくその他の活動ならなおさら、コンピュータのほうがどうみても優れ、速く、そして強力なのである。

しかも、コンピュータは疲れない。頭痛がすることもないし、プレッシャーに押しつぶされたり、敗れて不機嫌になったりしない。観衆や報道陣のことを気にすることもない。ボーッとしたり、ヘマをしたりもしない。

そして、そのために極端な自尊家として知られたトッププレーヤーでさえ、鼻をへし折られてしまったのである。

一九八七年、当時、チェス界の「異端児」であったカスパロフは、

「どんなコンピュータもボクに勝つことはできないよ」

と、得意げに話していた。今日、現代の「ジョン・ヘンリー」となったカスパロフはこんなふうに言っている。

「あと数年もしたら、コンピュータが全戦全勝するようになる。たった一勝するためにさえ、人間は苦戦することになるだろう」

二〇世紀には、人間の肉体的な力は機械に代用させることができると証明された。そして二一世紀になり、新しいテクノロジーを人間の左脳の代わりに使用できることが証明されつつある。

マネジメントに関する権威であるトム・ピーターズは、このことを見事に表現している。

ホワイトカラー労働者にとって、「ソフトウェアは思考のフォークリフトである」というのだ。

ソフトウェアにより、左脳型の仕事がすべてなくなるわけではないが、多くの仕事はソフトウェアに取って代わられ、それ以外の仕事の形態も変化していく。

だから、ルーチン化された仕事、つまり、一連の規定作業や反復的手順に分割できる仕事は、コンピュータに取って代わられる可能性が高いのだ。

十分な収入の得られるあなたの会計士稼業が月収三〇〇ドル（約三万五〇〇〇円）のインド人会計士に奪われないとしても、会計ソフト『ターボ・タックス』に奪われてしまうことだろう。

典型的な左脳思考型の三つの職業について考えてみよう。

コンピュータ・プログラマー、医者、そして弁護士だ。

コンピュータ科学者のヴァーナー・ヴィンジは、こんなふうに言っている。

「以前は、ルーチン・ワークしかこなせないような人でさえプログラマーになれた。だが、今はもう違う。ルーチン・ワークはどんどん機械にやらせるようになってきている」

実際、アプリジェニックスというイギリスの小さな会社が、ソフトウェアを書くことのできるソフトウェアをすでに開発している。

一般的なプログラマー——私が知り合ったインド人だろうと、もっと高い報酬で同じ仕事をするアメリカ人だろうと——が、一日に書けるプログラムはせいぜい四〇〇行だが、アプリジェニックスのソフトウェアなら、同じ量のプログラムを一秒もかからないうちに書いてしまうのだ。

結果はおわかりだろう。

つまらない単純作業は機械がやることになるので、エンジニアやプログラマーはこれまでとは違った能力を身につけなければならないのだ。

「処理能力」より「創造力」、「技術マニュアルで得られる知識」より「潜在的知識」、そして「細かい部分にこだわること」より「大きな全体像を描く能力」がますます必要になってくる。

●この「ジリ貧パターン」からは、医者や弁護士でさえ抜け出せない

また、オートメーションにより、医師の仕事も変わりつつある。

医学界では、一連のデシジョンツリーをたどることで病気を診断する手法が広く使われている。

「乾いたセキか、タンのからむセキか?」「T細胞の数は標準値以下か、以上か?」……こうして答えを絞り込んでいく。

だが、二者択一式ロジックのデシジョンツリーなら、コンピュータは人間が足元にも及ばな

いほどの速さと精度でもって処理できる。

そこで、患者がコンピュータ画面の問いに答えていくだけで、医師がいなくても予備診断を下せるというソフトウェアやオンラインプログラムが登場してきたのである。

ヘルスケア業界では、これらのツールを、「心不全や冠状動脈の疾患、一部の一般的なガンなど、深刻な病気の危険度を見極め、これまでは医師の診断に頼っていた生死にかかわる治療上の意思決定を下すのに用いる」消費者が増えてきたと、『ウォール・ストリート・ジャーナル』はリポートしている。

同時に近年、医療健康関連の電子情報データベースが飛躍的に増えてきている。

通常、一年間に世界で一億人が、オンライン上で医療情報を検索し、二万三〇〇〇以上もの医療サイトを閲覧している。

患者自身が、医師が利用するのと同じ蓄積情報を活用して自己診断を下すようになると、これまで全知全能の治療法提供者であった医師の役割は、患者の身になって選択肢をアドバイスする存在へと変わっていくことになる。

もちろん、医師たちが日々取り組んでいる仕事には、あまりに複雑でコンピュータには任せられない難題が含まれていることも多いし、稀な病気の診断の場合には、これからも経験豊かな医師に頼ることになるだろう。

だが、本書でも後に説明するが、こういった技術の発展によって、医療活動の中で重要視されるものが変わってきているのだ。定型的で分析的で、情報にもとづいた作業から、患者と共感し、語り合う医学や全体的なケアへと移行しつつあるのだ。

同じようなパターンが、法曹界でも現れ始めている。

情報やアドバイスを安価に提供するサービスが増え、法律関連の仕事の形態が変わってきているのだ。

たとえば、CompleteCase.comというウェブサイトがある。

自称、「どこにも負けないナンバーワン離婚相談サービスセンター」というこのサイトでは、わずか二四九ドル（約三万円）で離婚にかかわる法的手続きを処理してもらえる。

同時に、ウェブの活用により、長年、多くの弁護士に高い収入と顧客からの崇敬をもたらしてきた独占的情報が、一般の人でも利用できるようになった。

弁護士に支払う費用は平均で一時間一八〇ドル（約二万円）だが、ウェブサイト、たとえばLawvantage.comやMyCounsel.comでは、基本的な法令書式やその他の書類などの作成であれば、わずか一四ドル九五セント（約一七〇〇円）でできる。

『ニューヨーク・タイムズ』紙によると、「弁護士に数千ドル（数十万円）も払って契約書草案を作ってもらわなくても」、今では顧客がオンライン上で適当な書式を見つけて「その書式の書類を弁護士のところに持っていくと、弁護士は数百ドル（数万円）で修正を加えて仕上げてくれる」のだという。

その結果、法務関連業は「根本的な変革を迫られている。従来通りのサービスに対する需要が減り、弁護士たちは、より安い報酬で仕事を引き受けねばならなくなる」と、『タイムズ』紙は述べている。

この変革を生き残れる弁護士というのは、非常に複雑な問題に取り組むことができデータベースやソフトウェアにはできない仕事をこなせる人である。

たとえば、カウンセリング、調停、法廷での弁護演説、「右脳主導思考」に依存するその他のサービスである。

最後にもう一度、要点をまとめておこう。

「左脳主導思考」の重要度が低くなり、「右脳主導思考」の重要度が増す原因として、三つの要因がある。

豊かさのおかげで、多くの人の物質的ニーズは過剰なまでに満たされた。それによって美しさや感情面を重視する傾向が強まり、物事の意味への追求に拍車がかかった。

ホワイトカラーが従事する左脳型のルーチン・ワークの大部分が、今ではアジアの国々で驚くほど安いコストで行なわれている。そのため、先進国のナレッジ・ワーカーたちは海外に委託できないような新たな能力を身につける必要に迫られている。そして、オートメーションにより、ひと昔前のブルーカラー労働者がロボットに職を奪われたのと同じような影響を、現代のホワイトカラー労働者も受け始めた。すなわち、左脳型の職業につく人たちは、コンピュータが安く、迅速に、上手にこなすことができないような能力を新たに身につけなくては淘汰されるのだ。

では、次はどうなるのだろう。

私たちの生活がオートメーションやアジアといった要素に追い立てられ、豊かさによって作り替えられるとどうなるのか。

この点について次章で説明していきたい。

3 右脳が主役の「ハイ・コンセプト／ハイ・タッチ」時代へ

●「体力頼み」から「左脳の勝負」へ、そしてこれからは——

過去一五〇年間を「三幕仕立てのドラマ」にたとえてみよう。

第一幕は「工業の時代」だ。

巨大工場や効率的な流れ作業方式により、経済は活況を呈した。第一幕の主役は、大量生産の場で働く労働者たちだ。彼らのおもな特徴は、強靭な肉体と不屈の精神力である。

第二幕は「情報の時代」。

アメリカやその他の国々が登場し始める。大量生産は舞台の奥へと押しやられ、代わって、

「農業の時代」から「コンセプトの時代」まで

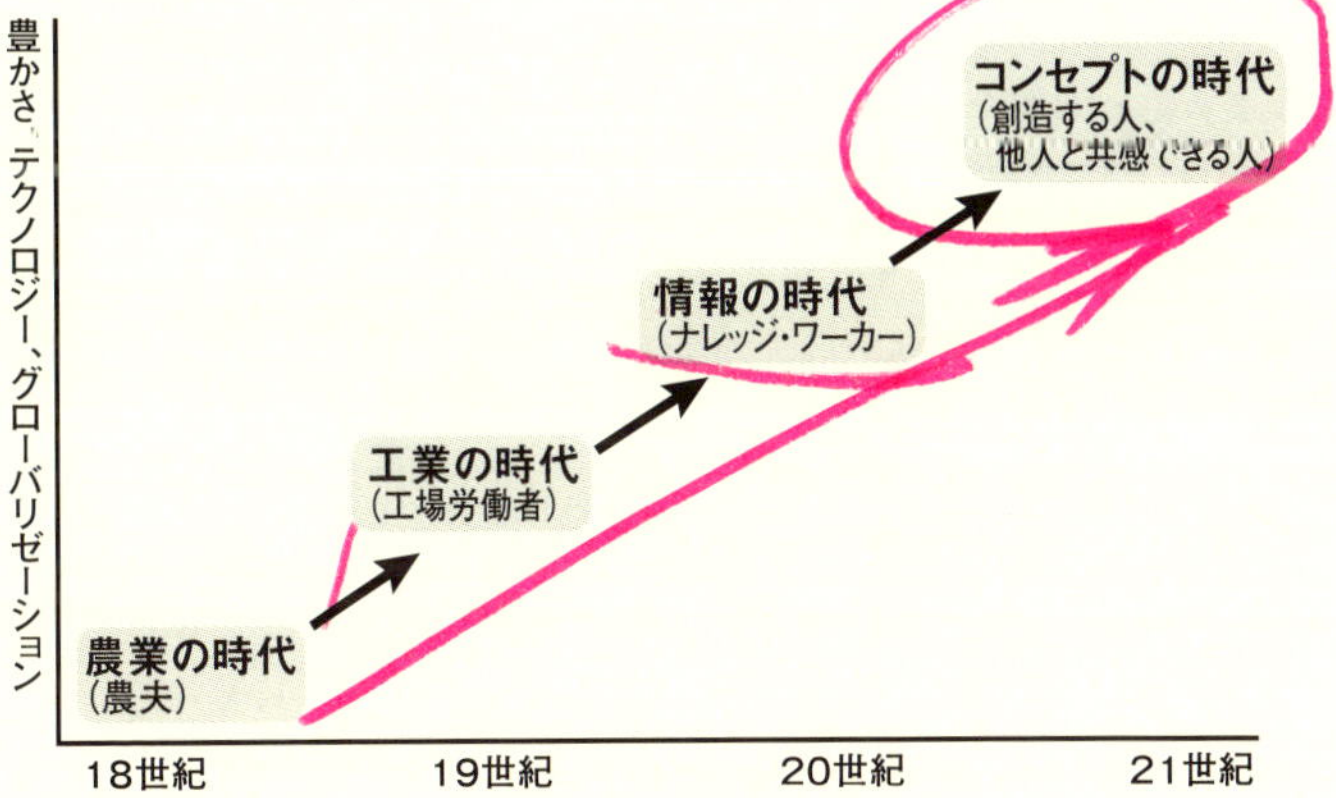

情報や知識が先進諸国の経済を推進するようになる。

ここで中心的な役割を担うのはナレッジ・ワーカーで、「左脳主導思考」に熟達している点が特徴である。

そして豊かさ、アジア、オートメーションという三つの要因が浸透し、強まると、第三幕が上がる。「コンセプトの時代」である。

中心となる登場人物は、クリエイターや他人と共感できる人。彼らの際立った資質は、「右脳主導思考」を身につけている点である。

別の言い方をすると、過去一五〇年の間に、人々の肉体に頼り、築かれていた経済から、現在の「左脳に頼り築かれた経済」へと移行してきたわけだ。

そして今後は、経済も社会も、ますます右脳に頼り、築かれるようになっていくだろう。

この変化について、前のページの図に示してみた。

この物語を「工業の時代」とその前の「農業の時代」にまで広げてある。

横軸は時間、縦軸は豊かさ（Affluence）と、技術の進歩（Technology）、グローバリゼーション（Globalization）の三つの組み合わせ（それぞれの頭文字をとってＡＴＧと呼ぶことにする）を示している。

個人が豊かになり、技術力による影響が強まり、世界がさらに密接につながるようになると、これら三つの要因は一つに収集された勢いとなって、私たちを新しい時代へと動かすようになる。

これはかつて、農業の時代から産業の時代へ、そして情報の時代へと移行した過程と同じだ。

このパターンの一番最近の例が、今日の「情報化の時代」から「コンセプトの時代」への変遷であるが、やはり豊かさ（西欧諸国の生活に象徴される物質的豊富さ）、技術革新（ホワイトカラーの仕事の一部のオートメーション化）、そしてグローバリゼーション（ある種のナレッジ・ワーカーの仕事におけるアジアなど海外への移行）といった動きが要因になっている。

次ページの図は、この進化を、もっと右脳に訴えるような絵で表したものだ。

簡単に言うと、私たちの社会は、「農民の社会」から「工場労働者の社会」、そして、「ナレッジ・ワーカーの社会」へと変化してきたのである。そして今また、「クリエイターや他人と共感できる人、パターン認識ができる人、物事に意味を付加できる人、などによって作られる

社会」へと、変化している。

経済社会が工場や大量生産に依存していたときには、「右脳主導思考」は、ほとんど意味のないものだと見なされていた。

その後、ナレッジ・ワーカーの時代になると、「右脳主導思考」は論理にかなっていることは認められるようになったが、それでもなお、左脳主導思考に比べると副次的な存在だとされていた。

そして現在、北アメリカ、西ヨーロッパ、オーストラリア、日本など先進国が再び発展するにつれ、右脳主導思考は社会的、経済的な面で左脳と同等か、もしくは多くの場合、主導的な役割を果たすものだと考えられるようになってきた。

二一世紀に入り、右脳主導思考が最も重要な意味を持つようになり、仕事上の成功と個人の生活における満足感を得るためのカギとなったのだ。

しかし、はっきりさせておきたいのだが、未来は、「左脳型人間は絶滅、右脳型人間は歓喜」といった二元論的な世界ではない。

陶器職人が億万長者になってＢＭＷを乗り回し、コンピュータ・プログラマーがファストフード店のカウンターを掃除するというような世界ではないのだ。

「左脳主導思考」はこれからも不可欠なものだ。ただ、それだけでは十分ではない、と言っているのである。「コンセプトの時代」においては、新しい全体思考が必要なのだ。

●今の仕事をこのまま続けていいか――3つのチェックポイント

この時代を生き抜くためには、あらゆる人も組織も、自分たちが収入を得るために行なっていることについて考えなくてはならない。

次のように自らに問いかけてみよう。

①他の国なら、これをもっと安くやれるだろうか
②コンピュータなら、これをもっとうまく、早くやれるだろうか
③自分が提供しているものは、この豊かな時代の中でも需要があるだろうか

①と②の答えがイエス、あるいは、③の答えがノーだとしたら、あなたが抱える問題は深刻だ。

今の時代を生き延びられるかどうかは、対価の安い海外のナレッジ・ワーカーや、高速処理のコンピュータにもできない仕事をやれるか、そして豊かな時代における非物質的で解しがたい潜在的欲求を満足させられるかどうかにかかっている。

だからもはや、「ハイテク」だけでは不十分なのだ。

大いに発展したハイテク力を、「ハイ・コンセプト」と「ハイ・タッチ」で補完する必要がある（「はじめに」で述べたように、ハイ・コンセプトとは、芸術的・感情的な美を創造する能力、パターンやチャンスを見出す能力、相手を満足させる話ができる能力、見たところ関連性のないアイデアを組み合わせて斬新な新しいものを生み出す能力などである。ハイ・タッチとは、他人と共感する能力、人間関係の機微を感じとれる能力、自分自身の中に喜びを見出し、他人にもその手助けをしてやれる能力、ありふれた日常生活の向こうに目的と意義を追求できる能力、などである）。

ハイ・コンセプトとハイ・タッチは、世界中の経済や社会において、急速に注目を集めている。

中でも、最も意外な場所でこれらの能力が重視され始めているという事実を聞けば、一番納得するのではないだろうか。

たとえば、医学部である。これまではずっと、学校の成績がトップでテストでも高得点をとり、誰にも負けない鋭い分析的思考力を備えた人たちのための場所だった。

近年、アメリカの医学部では、大規模なカリキュラムの改変が行なわれている。

コロンビア大学医学部やその他の医学部でもそうだが、学生は「物語医学」を学ぶ。

なぜなら、さまざまな調査結果から、コンピュータ診断は効果的ではあるものの、診断における重要な部分は「患者が語る物語」に隠されているということがわかってきたからである。

イェール大学医学部の学生たちは、イェール・イギリス美術センターで観察力に磨きをかけている。絵画を学ぶ学生は、被写体やモデル（患者）のコンディションのごく細かい部分まで気づく能力に長けているからだ。

また、全米各地で五〇以上の医学部が、精神性の講義をカリキュラムに取り入れている。

ＵＣＬＡの医学部では「一泊入院体験プログラム」を行なっている。このプログラムでは、学生が何かの病気だということにして、二年生に一泊入院を体験させる。この「入院ごっこ」の目的とは何か？　大学は、「医学生が患者の気持ちを理解できるようにするため」だと説明している。

さらに、フィラデルフィアのジェファーソン医科大学では、医師の能力を測る新しい方法として「エンパシー・インデックス（共感指標）」というものまで開発した。

では、アメリカの医師養成所から、世界第二の経済大国・日本に目を向けてみよう。

日本は左脳主導思考のおかげで、第二次世界大戦後の焼け跡から復興したが、現在、国の強さの源について再検討している。

日本の学生の数学と科学の成績は世界でトップレベルにあるのだが、多くの日本人は、「教科書偏重で凝り固まった教育はもはや時代遅れではないか」と疑問を抱いているのだ。そのため、これまで賞賛されてきた教育システムを見直し、より高い創造性、芸術性、そして遊び心を育めるようなシステムへの再構築を行なっている。

だから驚くには値しないが、近年、利益を上げている日本の輸出品は、車や電気製品ではなく、ポップ・カルチャーなのである。また一方で、日本の若者たちが学校教育から精神的重圧を受けていることに対応するため、文部科学省は学生たちが人生の意義と使命をよく考えられるようにと、いわゆる「心のゆとり教育」に力を注いでいる。

それでは日本から離れ、状況変化の三つ目の例を検証してみよう。

巨大多国籍企業、ゼネラル・モーターズ（GM）だ。

数年前、同社はロバート・ルッツ氏を会長に迎えた。ルッツ氏は感覚を重視する芸術家気取りの人間ではない。白髪でいかつい、七〇代の男である。これまでにアメリカの三大自動車メーカーの役員を務めてきた。風貌も態度も、かつて彼が在籍していた海兵隊員のようである。葉巻を吸い、自家用機で飛び回る。地球温暖化は環境保護運動によってでっちあげられたものだと信じている。

GMの会長職に就いたとき、『ニューヨーク・タイムズ』紙のインタビューで、前任者とあなたのアプローチの違いはどんなところかと尋ねられ、彼はこう答えた。

「もっと右脳的なアプローチをするということです。我々が手がけるのは、『アート・ビジネス』です。芸術であり、エンターテインメントであり、動く彫刻なのです。それがたまたま、乗り物としても使える、ということです」

このコメントについてもう少し考えてみよう。

「情報化の時代」だけでなく、「産業の時代」の代表格であるGMが、「アート・ビジネスをやっている」というのだ。「芸術の」ビジネスである。

しかも、会長として同社を右脳型へと導いた人物は、ベレー帽をかぶった芸術家ではなく、七〇過ぎの元気な元海兵隊員なのだ。七〇年代のロックグループ、バッファロー・スプリングフィールドの歌詞を借りれば、「何かがここで起こっている」――そして、それはより鮮明になりつつある。

ハイ・コンセプトとハイ・タッチの傾向が、私たちの生活の周辺部から中心部へと移ってきているのだ。

●「MBA型」人材か「MFA型」人材か

ハーバード・ビジネススクールに合格するなんてたやすいことだ。少なくとも、毎年、UCLA芸術学部の大学院に出願したが、入学が許されなかった数百人の学生たちがそう思っているはずだ。

ハーバード大学のMBAプログラムは、出願者の一〇％程度を受け入れてくれるが、UCLAの美術大学院はわずか三％である。

それはなぜだろう？

実は、MFA（Master of Fine Arts）、すなわち美術学修士は、GMでさえ、「我々の仕事はアート・ビジネスだ」という今、世界で最も注目されている資格なのである。

各企業の採用担当者は優秀な人材を求めて、有名美術大学院に足を運び始めている。

たとえば、ロード・アイランド・デザイン大学やシカゴ美術館付属美術大学、ミシガン州のクランブルック美術アカデミーなどだ。

して、このようにアプローチの幅を広げたことによって、従来人気のあったビジネススクールの出身者が犠牲になっているのだ。

例をあげると、一九九三年にはマネジメント・コンサルタント会社、マッキンゼーの新入社員のうち六一％がMBA取得者だった。だが、それから一〇年も経たないうちに、その割合は四三％にまで低下した。

入社後にいかに良い仕事ができるか、という観点で見れば、他の学部出身者もMBA取得者とあまり変わらない、とマッキンゼーはその理由を説明している。

美術学部志望者が増加し、その出身者が数多く企業の重要なポストを占めるようになり、従来の基準は変わった。MFAこそ新しいMBAなのである。

この現象は、前章で説明した「三つの流れ」のうちの二つがベースとなって発生したものだ。アジアの労働者の影響によって、今では多くのMBA取得者がブルーカラー労働者並みとなっている。華々しい将来を期待して社会に飛び込んできたMBA取得者たちが目にしたのは、自分たちの仕事がどんどん海外へアウトソーシングされている現状だった。

すでに述べたように、投資銀行はインドでMBA取得者を雇い、財務分析やレポート作成をやらせている。

経営コンサルティング会社のA・T・カーニーは、今後五年間でアメリカの金融サービス会社は、五〇万人分の仕事をインドなどの低コストの国々へ移すだろうと推測している。『エコノミスト』誌はこの件について、

「かつては、初歩的なMBAの仕事は、経験はないが熱意はある、という若い新入社員にやらせたものだし、彼らもウォール・ストリートやロンドンのシティで認められるために、長時間労働をこなしていた。しかし、画期的な光ファイバーケーブルの普及によって、そのような仕事は、低い賃金で同等の仕事をこなすインド人たちに任されるようになってきた」

と述べている。

同時に、豊かな時代であるがために、今日の供給過剰気味の市場の中で、他社製品やサービスとの差別化を図るには、見た目に美しく、消費者の心に訴えかけるようなものを提供するしかないということを、企業は認識し始めている。だからこそ、「ハイ・コンセプト」な能力をそなえた芸術家のほうが、簡単にすげ替えられる「左脳型技術」を持った新卒MBAよりも貴重である場合が多いのだ。

二〇世紀中頃、GMの会長で後に国防長官に就任したチャーリー・ウィルソンは、

「GMにとって良いことは、わが国にとっても良いことである」

という有名な発言をした。

だが、もうウィルソンの格言を新世紀向けに書き換える時がきたのではないだろうか。すなわち、

「GMに起こっていることは、わが国に起こっていることである。そして、アメリカに起こっていることは、その他多くの国々でも起こっていることである」

今、私たちは皆アート・ビジネスの世界にいるのだ。アメリカではこの一〇年間で、グラフィックデザイナーの数が一〇倍に増えている。グラフィックデザイナーは化学エンジニアの四倍もいるのだ。

一九七〇年以降、アメリカでは作家として生計を立てている人が三〇％、作曲や演奏活動などで暮らしている人が五〇％増加した。二〇年前には二〇校に満たなかったコピーライターなどを養成するクリエイティブ・ライティングのためのＭＦＡプログラムを設置する大学が、全米で約二四〇校にまで増えた。

弁護士や会計士、監査役などの仕事よりも、芸術やエンターテインメント、デザイン関連の仕事につくアメリカ人が多くなってきている（この新たな時代の表れである新しいベンチャー企業が、バージニア州アレクサンドリアにある。型通りの法務調査は海外へ委託し、基本的な法律情報はオンラインで入手できる時代に、弁護士たちに残された仕事は何だろうか。それは、「アニメーターズ・アット・ロー」で行なわれているようなハイ・コンセプト業務である。法学部出身者が運営するグラフィックデザインの会社で、裁判で弁護士が陪審員を説得する際の手助けとなる資料やビデオ、証拠説明図などを作成するサービスを専門に行なっている）。

二〇〇二年に、カーネギー・メロン大学で都市計画を研究するリチャード・フロリダは、「クリエイティブ階級」に属するアメリカ人は三八〇〇万人いて、彼らが経済発展のカギを握っている、と述べている。

もっとも、フロリダの言う「クリエイティブ」の定義はかなり広い。たとえば、会計士、保険の損害査定人、税理士も「クリエイティブ」だとされている。それでもこの階級の人々の地位向上を見過ごすことはとうていできない。アメリカの全労働人口に占める彼らの割合は、一九八〇年に比べて二倍、一〇〇年前に比べると一〇倍に膨れ上がっている。

ハイ・コンセプト業務に関する同様の傾向は、世界のいたるところ進行中である。

「クリエイティブ」という言葉をもっと実態に即して定義し、デザインや芸術作品の制作、テレビゲームの研究開発など一五の業種に絞ると、イギリスのクリエイティブ産業が提供する製品やサービスは年間二〇〇〇億ドル（二〇兆円超）に迫るとイギリスのアナリスト、ジョン・ホーキンスは概算している。

ホーキンスはまた、今後一五年でクリエイティブ産業は、全世界で六・一兆ドル（七〇〇兆円超）規模の産業となり、ハイ・コンセプトな国が世界最大の経済国家の一つになるだろうと推測している。

一方で、イギリスではロンドン・ビジネススクールやヨークシャー・ウォーター社などの各企業・組織が「芸術家招聘《しょうへい》プログラム」を実施している。

ユニリーバの英国本社では他の社員に良い影響を与えようと、画家、詩人、漫画家などを雇用している。あるロンドン北部のサッカーチームでは、チーム専属の詩人を雇っているという。

だが、伝統的な意味での芸術は、全体思考的資質の構成要素として唯一のものでもなければ、最も重要なものでもない。

「情報化の時代」のロックスターやコンピュータ・プログラマーたちを思い出してみてほしい。ソフトウェア開発のルーチン・ワーク（定型業務）をアウトソーシングすることによって、ハイ・コンセプトな能力を備えたソフトウェア・エンジニアは新たな評価を得ることになった。

前章に登場した、インド人エンジニアのラリットやリテッシらが、ソフトウェアの開発、メンテナンス、テスト、アップグレードといったルーチン・ワークを請け負うようになると、「コンセプトの時代」のソフトウェアは、斬新さやニュアンスの表現に重点が置かれることになるだろう。

結局、インド人プログラマーたちに、開発やメンテナンス、テスト、アップグレードといった作業を委託する前に、〝どのような〟ソフトウェアを作るのかというアイデアをまず考案しなくてはならないのだ。そして、それらのアイデアを顧客（あるいは上司）に説明し、顧客の意見に合わせて修正した上で、商品として市場に送り出すのである。

だが、そのすべての過程で要求される能力は、決して一枚の仕様書に書かれた一連の規則で足りるようなものではない。創意、人間関係、体や心の奥から生まれる本能、直観といった能力こそ必要なのだ。

●ペーパーテストや面接では計りきれない能力

もし将来、どこかの美術館員が、「二〇世紀アメリカの学校教育」という展示を企画するとしたら、展示物の選択肢には困らないだろう。

分厚い教科書、ほこりっぽい黒板、小さな机つきのイス。

中でも特に注目に値するアイテムが一つある。

キラキラ光るガラスケースに入れて展示の中心に据えるようにおすすめしたいものだ。それはきれいに削られた「Ｎｏ．２の鉛筆」である（日本のＨＢ鉛筆のようなもの）。この「Ｎｏ．２鉛筆」が世界的に供給不足になるようなことがあれば、アメリカの教育システムは破綻するかもしれない。

この木製の筆記用具を握れる年齢になれば、子どもたちは、現在の能力と潜在能力を測るという名目で行なわれる試験の数々を際限なく受けていかねばならない。

小学校に入ると、ＩＱを測定される。もう少し大きくなると、読解力と数学の能力を測られ、そのスコアをもとに、州内、国内、そして世界の子どもたちと比較される。

ハイスクールに入る頃には、ＳＡＴに向けた準備を始める。良い仕事と幸せな生活が約束された〝あこがれの地〟に到達するためには、避けては通れない、いばらの道である。

すでに述べたように、このＳＡＴ体制にも、それなりの長所はある。だが、アメリカの「試験の成績が良ければ幸せ」式のシステムには、最近になってやっと認識され始めた弱点がいくつかある。

たとえば、この分野の草分け的存在であるダニエル・ゴールマンは、著書『ＥＱ　こころの知能指数』（講談社）の中で、ＩＱテスト（ＳＡＴ同様、純粋に左脳主導思考の能力を測定するもの）の結果の良し悪しが、どれくらい仕事上の成功に影響しているかに関するいくつかの学術調査を分析した。

その結果、どんなことがわかったのだろうか？　さあ、「Ｎｏ．２の鉛筆」を持って、次の質問に答えていただこう。

最新の調査の結果、ＩＱが仕事上の成功を左右した例は何パーセントだったか？

ａ．五〇～六〇％

ｂ．三五～四五％

ｃ．二三～二九％

ｄ．一五～二〇％

正解は四〜一〇％（選択肢が示されると、その中でしか考えられないのは、過度の左脳主導思考である証拠だ）。

ゴールマンによると、ＩＱはその人の職業選択には影響するという。たとえば、私のＩＱは、天体物理学者になるにはあまりにも低すぎる。しかし皮肉なことに、選んだ職業の中で、「左脳主導思考」を身につけているかどうかが問題になることは比較的少ない。大切なのは、数値で測ることが難しい資質である。私が本書で述べてきた、想像力、喜びを感じる力、社会的な器用さなどの、「ハイ・コンセプト」や「ハイ・タッチ」な能力がまさにそれである。

たとえば、ゴールマンとヘイ・グループが共同で行なった調査結果によると、組織内で最も優れたリーダーとされる人たちには「おもしろい人物」が多いという（「愉快で楽しい人」という意味であって「変わった人」ではない）。「おもしろい」リーダーたちは、普通の管理職と比べて、三倍もよく笑うらしい（第２部５章でも述べるが、ユーモアというのは非常に右脳寄りの活動なのだ）。

しかし、人を笑わせる才能を測るために標準化されたテストなんて、どこにあるだろうか。実は、コネチカット州ニューヘーブンにはある。イェール大学の心理学教授ロバート・スターンバーグが、ＳＡＴに代わるものとして開発しているのだ。

教授は開発中のテストを「レインボウ・プロジェクト」と名づけている。

確かに、誰もがティーンエイジャーの頃に経験した、プレッシャーのかかる試験なんかよりもずっと楽しそうだ。『ニューヨーカー』誌に掲載された漫画の吹き出しが、五カ所空白になっていて、生徒はユーモラスな会話を考えて書き込む、という問題がある。また、与えられたタイトルだけをもとに、物語を筆記、または口述するテストもある（たとえば、「（八本足の）タコのはくスニーカー」というタイトルで物語を作れと指示される）。また、さまざまな現実的な状況、たとえば、初対面の人ばかりのパーティに出席した、友人に家具の移動の手伝いを頼む、といった場面が示され、こんなときあなたならどうするかと質問される。

まだ実験段階に過ぎないが、学生たちが大学入学後、どの程度の成績を修めることができるかを予測することに関しては、レインボウ・プロジェクトは、SATの二倍の成果を上げている。さらに、SATでは白人学生と少数民族の学生との成績格差が依然として残っているが、レインボウ・プロジェクトでは、その格差はかなり縮小されているのだ。

スターンバーグのテストは、SATと置き換える目的で開発されているのではなく、ただSATを補強するためのものである（事実、「レインボウ・プロジェクト」の出資者の一人は、SATの実施団体である大学入学試験委員会のメンバーである）。

また、SATそのものも近年改良され、記述問題が盛り込まれるようになった。

いずれにしても、レインボウ・プロジェクトの存在そのものが意義深いことなのである。

「SATの成績が良くないと、社会で成功するための道はすべて閉ざされてしまうのです」

とスターンバーグは言う。

そして、多くの教育専門家が認識し始めているように、道を閉ざしてしまうことによって、SATでは測れない優れた能力を備えた人材を排除してしまう可能性があるのだ。

「ハイ・タッチな能力」についてはまさにその通りだ。他人を思いやったり、ケアしたり、元気づけてやれる能力。コンセプトの時代では、このような能力こそ、多くの職業における重要な要素となる。

カウンセラー、看護師、ヘルス・アシスタントといった「医療福祉の関連職」の数は急激に増加している。例をあげると、先進国はハイテク・コンピュータのプログラミングの仕事を海外に「輸出」している一方で、ハイ・タッチな業種における人材不足を補うために、フィリピンやその他のアジア各国から看護師を「輸入」しているのだ。人材不足のため、看護師の給与は上昇し、男性看護師の登録者数も一九八〇年代半ばから二倍に増えている。

この点については第2部4章でくわしく述べることにしよう。

●あなたの「最大のエネルギー」はいつ出るか

仕事の面でハイ・コンセプト、ハイ・タッチの重要性が高まっている一方、「コンセプトの時代」の最も重要な変化は実は職場の外で起こっている。

私たちの心と精神の中である。

たとえば、あることの意義や既存の概念を超越しようとする動きは、カフェで「ダブル・トール・ラテ」を注文するのと同じくらい、現在の主流となっている。

アメリカでは、一〇〇〇万人の成人が何らかの形で定期的に瞑想を行なっているという。一〇年前と比べると二倍の数だ。ヨガをする人の数も一九九九年の倍の一五〇〇万人になった。

アメリカの人気番組では精神性（スピリチュアル）関連のテーマが目白押しで、『TVガイド』は「超越をテーマにした番組が盛り上がっている」と銘打っている。

日本やEUでは人口の高齢化が問題になっているが、同じようにアメリカでもベビーブーマー世代が高齢化してきたこともあり、問題が深刻になってきている。

心理学者デビッド・ウルフは言う。

「人は成熟世代に入ると、ものごとの認知パターンが抽象的でなくなり（左脳的働き）、より具体性を増す（右脳的働き）。そのため現実に対する感覚が鋭くなり、感情を理解する能力が増し、他人とつながっているという感覚がいっそう強くなる」（カッコの挿入はデビッド・ウルフの原文通り）。

つまり、人は年を重ねるにつれて、生活の中に「目的」「本質的な満足」「超越」といった、それまでキャリアを築き、家族を養うあわただしさの中でなおざりにしがちだった特質を重視するようになるのである。

ある二人の学者が述べているように、確かにこのような他人との共感を持ち、意義を追究するベビーブーマーたちは、すでに引退する年代に差しかかっている。

二〇〇〇年にはポール・レイとシェリー・ルース・アンダーソンが、五〇〇〇万人のアメリカ人が属するこの世代を定義して「文化創出者」と名づけた。彼らによると「文化創出者」に属すのは、アメリカの成人人口の四分の一。これは、だいたいフランスの全人口に相当する数である。そして、彼らの特質は、右脳的アプローチのさまざまな要素を人生に反映させていることだ。たとえば、「文化創出者」は、「全体像を見ようとし、ものごとを統合的にまとめるのが得意だ」とレイとルースは述べている。

また、「女性的なものの見方を重視している。つまり、他人に共感し、思いやりを示すことや、話し手の立場に立って考えること、個人的な体験や一人称の物語を重要な学びの手段と考えること、思いやりの倫理を持っていることを、価値あるものと考えているのだ」と言う。

ベビーブーマーたちは、自分自身の年齢を見すえながら「コンセプトの時代」を迎えようとしている。彼らはこの先の人生よりもこれまで歩んできた人生のほうが長いことを認識している。そして、その動かしがたい事実があるからこそ、精神を集中できるのだ。何十年も富を追い求めてきたが、今ではさほどお金に魅力を感じなくなってきている。そんな彼らにとって、また、その他の人々にとっても、「意義」こそが、新たな時代における財産なのである。

ここに述べてきたことは、私たちにとってどんな意味があるのだろう？

私たちは「コンセプトの時代」に向けて、どのような準備ができるのだろうか？

ある意味では答えは単純だ。

豊かさ、アジア、オートメーションに翻弄されている世の中では、「左脳主導思考」は必要ではあるが、もはやそれだけでは不十分であり、私たちは「右脳主導思考」に磨きをかけて、「ハイ・コンセプト、ハイ・タッチ」の資質を身につけなければならない。

対価の安い海外のナレッジ・ワーカーにはこなせず、処理能力の速いコンピュータにもできない仕事、また、豊かな時代における美的感覚と感情的・精神的要求を満たせるような仕事を行なわねばならないのだ。

だが、別の面から考えると、この答えでは不十分だ。

一体、私たちがなすべきことは何なのだろう？

私はこの数年間、この問いについて研究を重ねてきた。

そして、ハイ・コンセプトでハイ・タッチな「六つのセンス」こそが、新しい時代に必要不可欠な感性だという答えを導き出したのである。

私はこれら六つの資質を「六つのセンス」と呼ぶことにした。

デザイン、物語、調和、共感、遊び、生きがいの六つだ。〈第2部〉では、これら六つのセンスを理解し、身につける方法について説明していきたい。

〈第2部〉

この「六つの感性《センス》」があなたの道をひらく

●これから求められる「六つの感性（センス）」とは？

「コンセプトの時代」には、左脳主導の考えかたを、六つの不可欠な「右脳主導の資質」を身につけることで補っていく必要がある。

これら六つのハイ・コンセプトでハイ・タッチな感性を合わせれば、新しい時代に求められる新しい全体思考を培うのに役立つことだろう。

①機能だけでなく「デザイン」

商品やサービス、あるいは、体験やライフスタイルにおいても、もはや単に機能的なだけでは不十分だ。外観が美しく、感情に訴えかけてくるものを創ることは、今日、経済面において不可欠なことであり、個人のためにもなることである。

②議論よりは「物語」

情報とデータがあふれた今日の生活では、効果的な議論を戦わせるだけでは十分ではない。

必ず、誰かがどこかであなたの議論の盲点を突き、反論してくるからだ。説得やコミュニケーション、自己理解に肝心なのは、「相手を納得させる話ができる能力」なのである。

③ 個別よりも「全体の調和《シンフォニー》」

「産業の時代」と「情報化時代」の大半を通じて、何かに焦点を絞ったり、特化したりすることが重視されてきた。だが、ホワイトカラーの仕事がアジアへ流出し、ソフトウェアに取って代わられるようになるにつれ、その対極にある資質に新たな価値が見出されるようになった。それはバラバラなものをひとまとめにする能力で、私が「調和《シンフォニー》」と呼んでいるものだ。今日、最も重視されるのは、分析力ではなく総括力、つまり全体像を描き、バラバラなものをつなぎ合わせて印象的で新しい全体観を築き上げる能力である。

④ 論理ではなく「共感」

論理的思考力は、人間に備わった特徴の一つである。だが、情報があふれ、高度な分析ツールのある世の中では、論理だけでは立ち行かない。成功する人というのは、何が人々を動かしているかを理解し、人間関係を築き、他人を思いやる能力のある人である。

⑤ まじめだけでなく「遊び心」

笑い、快活さ、娯楽、ユーモアが、健康面でも仕事面でも大きな恩恵をもたらすということは、数多くの例により証明されている。もちろん、まじめにならなければならない時もある。だが、あまり深刻になりすぎるのは、仕事にとっても、満足の行く人生を送るためにも、悪い影響を及ぼすことがある。「コンセプトの時代」では、仕事にも人生にも遊びが必要なのだ。

⑥ モノよりも「生きがい」

私たちは、驚くほど物質的に豊かな世界に住んでいる。それによって、何億もの人が日々の生活に苦しむことから解放され、より有意義な生きがい、すなわち目的、超越、精神の充足を追い求められるようになった。

デザイン、物語、調和、共感、遊び、生きがい。

これら六つの感性は、ますます私たちの生活を左右し、世の中を形作っていくようになる。多くの人がこのような変化を歓迎するのは間違いないところだが、中には「そんな恐ろしい未来はごめんだ」と感じる人もいるかもしれない。全身黒ずくめの気取った連中がやってきて、いつもどおりの生活が容赦なく奪い去られ、後には中途半端に芸術的、情緒的なものばかりが残される――そんなイメージを抱くかもしれない。

だが、恐れることはない。これから説明する「ハイ・コンセプト」「ハイ・タッチ」な能力は、ほとんどが基本的に人間に備わった資質なのだ。

草原を駆け回り、洞くつに住んでいた私たちの祖先は、ＳＡＴの試験を受けたこともないし、仕様書に数字を書き込む仕事もしていなかった。だが、彼らは互いに物語を伝え合い、共感を表し、新しいものを作り出してきた。

これらの能力は常に、人間であるということの証の一つであったのだ。

だが、しばらくの間、「産業の時代」が続き、これらの能力は衰えてしまった（この考えが、各章末尾の「まとめ」の前提である。そこで紹介しているツールや演習、参考文献などによって、新しい全体思考を養う第一歩を踏み出すことができるだろう）。

誰にだって「コンセプトの時代」の六つの感性を身につけることができる。

だが、早くマスターした人のほうが、多くの利益を得られるのだ。

さあ、さっそく始めよう！

1 「機能」だけでなく「デザイン」

●「実用性」⟷「有意性」

長年、ホールマーク社のお祝いカードなどの制作を引っ張ってきた、ゴードン・マッケンジーが、ある話をしたところ、それがたちまちデザイナーの間で伝説として広まったことがある。彼は公共心の強い人で、いろいろな学校を訪問しては、生徒たちに自分の仕事について話していた。

「僕は芸術家なんだよ」と切り出し、それから教室の中を見回し、壁にかけられた美術作品を見つけては、「この傑作の作者は誰だい?」と大げさに驚いて見せる。

「この教室に、芸術家は何人いるのかな？」

と、マッケンジーが尋ねる。

「手を上げてごらん」

すると、反応はいつも同じパターンなのだという。

幼稚園児や小学校一年生なら、全員が高々と手を上げる。二年生で手を上げるのは四分の三くらいで、それもさほど積極的ではない。三年生になると手を上げるのはわずか数人だ。そして、六年生になると手を上げる生徒はなく、「芸術家になるなんて、ちょっと変わってると思います」と正直に答える生徒がいないかと、まわりを見回すのだ。

デザイナーやその他のクリエイティブな仕事をしている人たちは——たいていは一杯やりながら、物憂《ものう》げな口調で——世間が自分たちの仕事をほとんど評価していないたとえとして、このマッケンジーの話をよく口にする。

マッケンジーがたくさんの聴衆に向かって、

「私の話はみなさんにも当てはまることです」

と言うと、みなゆっくりと頭を振る。

「けしからん！」とつぶやき、「なんてことだ」と舌打ちする。それでも、聴衆の反応はせいぜい嘆いてみせるくらいなのだ。

実際には、彼らは憤慨するべきだったのだ。地元の学校へ押しかけて、説明を求めるのが当然だったのである。子どもたちをなだめ、校長に面と向かい、教育委員会に訴えるべきだった。なぜなら、マッケンジーの話は、芸術プログラムへの資金不足を嘆くだけの武勇伝などではなかったからだ。

彼の話は、今の時代に対する警告なのである。

国が豊かになり、人々が快適な生活を送れるようになるかどうかは、学校で芸術家を育てていけるかどうかにかかっている。物があふれ、オートメーション化とホワイトカラーの仕事のアウトソーシングによって混乱している現代社会においては、職種を問わず、誰もが芸術的感覚を養う必要がある。みんながダリやドガになれるわけではない。だが、私たちは皆、デザイナーにならなければならないのだ。

デザインを「単なる装飾だ」「ありきたりな場所や物を良く見せるための飾りだ」として無視することは簡単だが、それはデザインと、とりわけ現代におけるその有意性についての重大な誤解である。

この問題に関する専門家、ジョン・ヘスケットは次のようにうまく説明している。

「デザインとは、その本質だけを見れば、『ニーズを満たし、生活に意味を与えるために、先例のない新しいやりかたで自分たちをとりまく環境を形作る人間の本性』と定義できる」

この本から目を上げて、今いる部屋の中を見回してほしい。

そこにあるすべてのものは、デザインされているのだ。活字も、あなたが手にしている本も、あなたが着ている服もそうだ。腰かけているイスも、今いる建物も、皆デザインされている。それらは誰かが考え、物として作り上げたからこそ、あなたの生活の一部として存在しているのだ。

デザインは、古典的な全体思考能力だ。ヘスケットの言葉を借りれば、「実用性」と「有意性」の組み合わせである。

コマーシャルデザイナーは、読みやすいパンフレットを手早く作り上げる必要がある。これが「実用性」である。

だが、パンフレットとして最大の効果をあげるには、言葉では表現しきれないアイデアや情感を読む人に伝えなくてはならない。これが「有意性」である。

家具デザイナーなら、まっすぐに立って、それ自体の重みを支えられるテーブルを作らなければならない（実用性）が、同時に機能性を超えた美的アピールを備えたものにする必要があるのだ（有意性）。

「実用性」のほうは「左脳主導思考」に近く、「有意性」は「右脳主導思考」に近い。そして、左脳主導・右脳主導の二つの思考スタイルと同じように、今日、「実用性」の価値は広く認められ、安価に、比較的容易に実現できるようになった。そのおかげで「有意性」の価値も高まってきたのである。

デザイナーは未来の錬金術師だと思う

――アートセンター・カレッジ・オブ・デザイン学長、リチャード・コシャレック――

デザイン――すなわち、「有意性」によってより高められた「実用性」――が、個人の目標達成と職業上の成功のために必要不可欠な資質となってきた原因は、少なくとも三つある。

第一に、豊かになり、技術が進歩したおかげで、優れたデザインがより身近なものとなり、多くの人々がデザインを楽しみ、かつては一部の人しか持たなかったデザインに関する鑑識眼を身につけるようになった。

第二に、物のあふれた時代になり、多くのビジネスにおいて、他社製品との差別化や新規市場の創出のカギをデザインがにぎるようになってきた。

第三に、人々がデザインに対する感覚を磨けば磨くほど、「世界を変える」という究極の目的のために、デザインをもっと用いることができるようになるからである。

●これが新しい時代の「教養課程」

私は、これら三つの原因をすべて集約したような場面をある場所で見た。

それは身が引き締まるような寒い二月のある朝、フィラデルフィアのダウンタウンにあるインディペンデンス・ホールからほど近いところでのことだった。きっとゴードン・マッケンジーも天国から微笑みながら眺めていたことだろう。

そこはマイク・レインゴールドのデザインスタジオ、時刻は午前一〇時。心地よい音楽が流れる中、一人の女生徒がテーブルの上のイスに座り、ポーズを取っていた。一九人のクラスメートたちは、大きなスケッチブックを開いて彼女のスケッチをしている。

洒落《しゃれ》たアート・アカデミーでの光景そのものだが、一つだけ違う点がある。スケッチを取っている若い男女は、皆一〇年生（高校一年生）で、彼らのほとんどがフィラデルフィアでも特に治安の悪い地域から来ているのだ。

CHAD――チャーター建築デザイン学校――へ、ようこそ！

フィラデルフィアにあるこの授業料無料の公立高校は、デザインの力で生徒たちの知性を伸ばせるということを実証している。

また、デザインは一部の選ばれた人だけのものだという神話に一石を投じている。ほとんどの生徒は、九年生としてCHADに入学するまで、芸術の授業を一度も受けたことがなく、三分の一は三年生レベルの読み書きや計算しかできなかった。

だが、今では、シニアクラス（卒業学年）の生徒の八〇％が、二年もしくは四年制の大学へ進学し、プラット・インスティテュートやロード・アイランド・デザイン大学に入学する者もいる。

デザインを中心としたカリキュラムを組んだ国内初の公立高校として、一九九九年に創設されたが、当初の目的は、単に新世代のデザイナーの養成や白人が大多数を占める職業に他の人種の人も就《つ》けるようにすることだけではなかった（ＣＨＡＤの生徒の四分の三はアフリカ系アメリカ人で、八八％は人種的少数民族である）。

デザインを活かして主要教科を教えることも、ＣＨＡＤの目的であった。生徒たちは毎日一〇〇分間、デザインスタジオで過ごし、建築や工業デザイン、色彩理論、絵画などの授業を受ける。

だが、同様に大切な点は、数学や科学、国語、社会、その他の教科をデザインと結びつけて行なっていることである。たとえば、ローマ帝国について学ぶ時には、生徒はただローマの水道施設についての文献を読むのではなく、水道橋の模型を作る。

「生徒たちは、本質的に異なる物事をつなぎ合わせて解答を見つけ出すことを学んでいる。これこそデザイナーの仕事なんです」

と、以前、この学校の教育カリキュラム指導主事を務めた元建築家のクレア・ギャラガーは言う。

「デザインとは、多くの分野にまたがったものです。ここでは、全体論的に物事を考えられる人材を養成しているのです」

このような全体思考的環境のおかげで、才能を開花させた生徒がいる。ショーン・キャンティという二年生だ。頭の良い、やせぎすの子で、ベテランデザイナーのように落ち着いている一方で、ごく普通の一六歳らしくぎこちないところもある。授業の後で彼の話を聞くと、通っていた中学校は秩序が乱れたところで、

「僕は、いつも教室で絵を描いていた。芸術の成績は常に良かったけど、いつも変わり者扱いされていた。芸術家っぽい生徒っていうのは奇妙なやつだからね」

と答えてくれた。だが、CHADに入学し、自分に適した場所を見つけた彼は、同年代の子どもには普通できないような経験をいろいろと積んできた。

彼は週に二日、午後に地元の建築会社でインターンをしている。また、CHADを通じて知り合った建築家の支援を受け、ニューヨークまで行ってポスターのデザインをしたこともある。彼は「二棟のクール・タワー」と名づけた模型を作っていて、それがいつか実際に建築されることを楽しみにしているという。

だが、彼は、CHADで学んだ最も重要なことは、個々のスキルよりももっと広い範囲に及ぶことだという。

「僕は人とともに仕事をする方法や、他人からインスピレーションを得る方法を学んだんです」

優れたデザインとは、テクノロジー、認知科学、人間のニーズ、そして美を組み合わせ、今までそれがなかったことに世界の誰も気づかなかったような物を無から生み出す、ルネッサンス（文芸復興）にも似たものなのです。

ニューヨーク近代美術館建築デザイン部門のキューレーター、パオラ・アントネリ

実際、この学校のホールを歩いているだけでも、インスピレーションが得られる。

ロビーには生徒たちの作品が掲げられている。玄関ホールにはクーパー・ヒューイット・ミュージアムから寄贈された家具が誇らしげに置かれている。また、学校中にカリム・ラシッド、ケイト・スペード、フランク・ゲイリーといったデザイナーたちの作品が置かれていて、CHADの生徒たちがロッカーを改造して作った展示ケースに納められているものもある。

生徒たちはみな、青のボタンダウンシャツと褐色のパンツを着ており、男子はネクタイも締めている（写真はクインシー・エリス君）。

「若い建築士やデザイナーらしく見えるし、また、彼らもそういう気分になります」

と、学校の開発課長を務めるバーバラ・チャンドラー・アレンは言う。

生徒の大部分が昼食代を免除されているような学校にあっては、これはすごいことなのだと教えてくれた。

生徒たちにとって、学校は過酷な社会における避難所である。安全で秩序があり、大人が世話をしてくれて、高い望みも持てる場所だ。典型的なフィラデルフィアの公立高校の生徒の出席率は六三％だが、CHADでは九五％である。それだけではない。同じように意義深いことだが、ＣＨＡＤはフィラデルフィアで金属探知機を導入していない数少ない高校の一つなのだ。その代わりに、生徒や教師、訪問者がサンソム通りに面した正面玄関から校内に入ると、アメリカの有名なミニマルアートの芸術家、ソル・ルウィットが制作した色鮮やかな壁画に迎えられる。

ＣＨＡＤは、このような特殊学校の先駆者ではあるが、他にも似たような学校はある。マイアミでは建築デザイン高校を公立校制度の目玉にすえているし、ニューヨーク市にもアート・デザイン高校がある。ワシントンＤＣには、スタジオ・スクールと呼ばれる特別認可小学校があり、教師の多くはプロの芸術家である。

初等教育か中等教育かはともかく、デザイン教育は確かにブームとなっている。第１部３章で述べたように、アメリカではＭＦＡ（美術学修士）が新たなＭＢＡに代わる価値ある資格となりつつある。

イギリスでも一九九五年から二〇〇二年の七年間に、デザインを学ぶ生徒の数は三五％増加した。

アジアでは、三五年前には日本や韓国、シンガポールなどにはデザイン学校はほとんどなかった。バージニア・ポストレルによると今ではこの三カ国に二三を超えるいわゆるデザイン学校があると言う。

ＣＨＡＤでもそうだが、これらの学校の生徒の多くが、最終的にはプロのデザイナーになるわけではない。だが、それでいいのだ、と副校長のクリスティーナ・アルヴァレズは言う。

「私たちは生徒たちに、デザインとは何か、それが私たちの生活にどのような影響を及ぼすかについて認識させようとしているのです。生徒たちにとって、このデザインのカリキュラムは、現代版リベラル・アーツ（一般教養）教育だと思います」

生徒たちがどのような進路を選ぶにせよ、この学校での経験が、問題解決や他者理解、そして自分をとりまく環境を正しく理解する能力を伸ばしていってくれるだろう。

これこそ「コンセプトの時代」に必要不可欠な能力なのである。

●「有名デザイナー製のトイレブラシ」が示している事実

フランク・ヌオボは、世界で最も有名な工業デザイナーの一人である。もし、ノキアの携帯電話をお使いなら、それは彼がデザインしたものである可能性がかなり高い。

だが、ヌオボも若いころには、自分の選んだ職業を家族に説明するのに苦労した。

インタビューの中で彼は、

「僕がデザイナーになりたいのだと話した時、父は『それはどういう意味だ』と言った」

と語った。私たちはデザインをとりまく「緊張感を取り除く必要がある。デザインの最もシンプルな形とは、解決策を生み出すための活動である。デザインとは、誰もが毎日やっていることなのだ」とヌオボは言う。

原始時代に、腰布一枚の男が石を磨いて矢じりを作って以来、人間はデザイナーであった。私たちの祖先が野原を駆け回っていた頃でさえ、人は常に斬新さと美しさへの生来の欲求を抱いていたのだ。

だが、人類の歴史の大半において、デザインは選ばれたエリートたちのためのものとされてきた（頭文字を大文字表記にして威圧的な印象を与える場合は特にそうだ）。お金のある彼らは軽い気持ちで取り組めたし、また、それを楽しむための時間もあった。その他大勢は時々「有意性」を試してみることはあるものの、ほとんどの場合は「実用性」の世界どまりだった。

だが、ここ二、三〇年の間にそれは変化し始めた。デザインが大衆化されてきたのだ。信じられない人は、このテストをやってみるといい。三種類の書体が書かれているが、それぞれの書体を正しい書体名と結びつけてほしい。

① A Whole New Mind　　a. Times New Roman（タイムズ・ニュー・ロマン）
② A Whole New Mind　　b. Arial（エーリアル）
③ A Whole New Mind　　c. Courier New（カーリア・ニュー）

＊　正解は、①—b、②—c、③—a。

私は本書執筆のためにこの実験を何度も行なってきたので、だいたい推測できるのだが、ほとんどの人はさっと正しく答えられたのではないだろうか。

だが、この問題を、たとえば二五年前にやらされていたら、おそらくさっぱりわからなかっただろう。当時は書体といえば、植字工やグラフィックデザイナーなどの専門家が使うもので、私や読者のような普通の人々は、ほとんど認識も理解もしていなかったからだ。

今日、私たちは新たな環境で暮らし、働いている。読み書きができてコンピュータを使う西欧人なら、ほとんどの人が書体を理解している。

バージニア・ポストレルはこう語っている。

「熱帯雨林に暮らしていたら、さまざまな葉の見分け方を学ぶでしょう。それと同じで、私たちはいろいろな書体を見分けられる能力を身につけたわけです」

もちろん書体の話は、革命的ともいえるデザインの大衆化の一面にすぎない。

この一〇年間で最も成功した小売ベンチャービジネスの一つで、三一カ所にスタジオを展開しているデザイン・ウィズイン・リーチ（DWR——手の届くデザイン）は、一般大衆向けに優れたデザインを提供することこそ自分たちの使命である、としている。

DWRのスタジオやカタログには、美しいイスやランプや机が並んでいる。裕福な人たちがいつも買っているような品物だが、より広い階層の人々にも手が届く価格になっている。

私たち家族も訪れたデパートの「ターゲット」(第1部2章参照)では、さらにデザインの大衆化が進んでいて、たとえば、アイザック・ミズラヒの衣料品などの最新ファッションと、大衆向け商品との区別が完全になくなっている例も多い。

「ターゲット」は『ニューヨーク・タイムズ』の紙上広告で、五〇〇〇ドルのコンコルド・ラスカラの高級時計やハリー・ウィンストンの三万ドルもするダイヤの指輪と並べて、わずか三ドル四九セントのフィリップ・スタークのベビー用カップを掲載しているのだ。

同じように、「ターゲット」で購入した、空色のトイレ用ブラシをデザインしたマイケル・グレイブスは、おしゃれな見晴らし台、仕事場、ベランダなどを建てるためのキットを販売している。

グレイブスは図書館や博物館、何億ドルもするような豪邸を設計した人物だから、ふつうの人が家族用の部屋を作るためには、費用がかかりすぎてとても雇えない。だが、一万ドルも出せば、グレイブス・パビリオンの一つを買い、世界で最も優れた建築家の一人であるグレイブス設計の美しく優雅な建築物を文字通り、わが家の庭で堪能することができるのだ。

美は重要です。美しく見えるものは機能もうまくいくものが多い

――作家兼工学教授、ドン・ノーマン――

デザインが重要だとされる傾向は、商業の領域を超えたところにまで浸透してきている。

ソニーには四〇〇人の社内デザイナーがいる、と聞いても別に驚かないだろう。だが、末日聖徒イエス・キリスト教会（通称モルモン教）に六〇人のデザイナーがいると聞いたら、驚くのではないだろうか。

神が芸術家を取り込んでいる一方で、アメリカ連邦政府は、自ら建物の改装をしているのだ。連邦政府庁舎の建築を監督している共通役務庁には、「優秀デザイン」プログラムというものがある。これは、さえない連邦政府の施設を、より快適に働くことができ、見た目にも美しいものへ改修することを目的としたものだ。官僚たちでさえ、新たな時代の要請に応えているということだ。

また、アメリカ国務省は、長年使用してきたカーリア・ニュー12の書体の使用をやめ、新たにタイムズ・ニュー・ロマン14を標準の書体としてすべての書類で使用すると、二〇〇四年に発表した。この変更の理由を説明する内部文書には、タイムズ・ニュー・ロマンは、「紙面に占める大きさがカーリア・ニュー12と変わらない上、鮮明で引き締まった文字であり、より現代的に見える」とある。

変更そのもの以上に驚くべきことは、国務省内のすべての人が、そのメモの意味を理解できたということだ。ひと昔前なら、とうてい理解の範囲を超えていたに違いない。

●デザインとはビジネスであり、ビジネスとはデザインである

デザインの大衆化はビジネスにおける競争原理を変えた。

これまでは、どの企業も価格や品質、あるいは、この二つの組み合わせで勝負してきた。だが、今日、リーズナブルな価格で申し分のない品質の製品というだけでは単にビジネス・ゲームへの「参加を表明」したことにしかならない。市場への入場券を手にしただけなのだ。「価格と品質」という必要条件をいったんクリアしたら、機能面や価格面での勝負ではなく、言葉では表しにくい特性、たとえば、斬新さや美しさ、フィーリングなどで他社製品と争うことになる。

これは何も目新しいことではない。前章で引用させてもらったトム・ピーターズは、まだチャールズ・イームズとチャールズ・エンジェルの区別さえできないビジネスマンが多かった時代に、デザイン関係のビジネスを立ち上げた（ピーターズは企業へのアドバイスとして「デザインとは愛と憎しみを分かつ最大の違いである」と言っている）。

だが、国務省の書体に関する文書が示すように、ビジネスにおいてデザインが重要になって

きているが、大事なのはアイデアそのものではなくて、それがどれほど広く普及しているかである。

国も仕事の分野も違う二人の男性について考えてみよう。

一人はポール・トンプソンで、ニューヨークにあるクーパー・ヒューイット・ミュージアムの館長だ。もう一人は、ハイテク大企業ソニーの前会長、大賀典雄である。

トンプソンは言う。

「メーカーは、極東の価格構造や労働賃金には太刀打ちできないことを悟り始めている。では、何でもって競争すればよいのか？　それは間違いなくデザインだ」

大賀も言う。

「ソニーでは、同業他社の製品はすべて基本的に同じ技術を使っていて、価格、性能、そして特徴に差はないと考えている。市場において製品を差別化できるものは、デザインをおいて他にない」

トンプソンと大賀の発言は、企業の損益計算書や株式市場により鮮明に現れている。

ロンドン・ビジネススクールの調査によると、製品デザインへの投資が一％増えるごとに、売り上げと利益は平均して三～四％増加するという。同様に、他の調査によると、デザインを非常に重視している会社の株価は、さほどデザインを重視していない同業他社の株価を大幅に上回っていることがわかる。

車が良い例だ。第1部2章で述べたように、アメリカにはドライバー数を上回る数の車がある。つまり、車のほしいアメリカ人の大多数が一台所有できるということだ。このような状況にあるため、車の価格は下落し、品質が大いに向上した。そして、デザインが消費者が購入を決める際の主要な基準となったのである。

アメリカの自動車メーカーも徐々にこのことを学んでいった。

「一九六〇年代以来、長い間、マーケティング責任者は、科学とエンジニアリングに焦点を絞り、データ集めと数字の分析ばかりしていた。そして、彼らはもう片方の脳、つまり右脳の重要性を軽視してきたのです」

と、GMのデザイン部長、アン・アセンシオは言う。そしてついには、これがデトロイトの自動車産業に大不況をもたらした。そこで彼らは第1部3章に登場した「異端者」、ボブ・ルッツを迎え、実用性には有意性も必要であることをアピールした。ルッツはあの有名な「GMはアート・ビジネスをやっている」という発言をし、デザイナーとエンジニアの立場を対等にした。

「差別化を図らなければ生き残ることはできません」

と、アセンシオは言う。

> **ビジネスに携わる人がデザイナーをよく理解する必要などない。彼ら自身がデザイナーになる必要があるのだから。**
>
> ロットマン・マネジメント・スクール学長、ロジャー・マーティン

「デザイナーには第六感というか、アンテナのようなものがあって、他の職種の人たちよりもうまく差別化を図れるのだと思います」

他の自動車メーカーも方針を変え、同じ道を進んだ。ＢＭＷのクリス・バングルは、

「我々は『自動車』を作っているのではない。ドライバーの品質への愛着を表現するための動く芸術品を作っているのだ」

と語っている。

フォード社の副社長の一人は言う。

「これまでは大きなV型八気筒エンジンばかりに注目していた。だが、これからは、調和とバランスが大切だ」

こうして各社がデザインによる差別化競争にしのぎを削るようになった。

『ニューズウィーク』誌は、その様子をこのように述べている。

「デトロイトの男社会の中でさえ、もはや『馬力』は重要ではなくなってきた。『デトロイト・モーターショー』も『デトロイト・インテリアショー』に改名したほうがいいのではないか」

キッチンにも、デザインの新たな価値を証明するものが見つけられる。

サブ・ゼロ社の光り輝く冷蔵庫やバイキング社の巨大なレンジを備えた高級キッチンにも、当然デザインの価値は見出せる。

だが、デザインが新たな価値を持ち始めたという現象は、西欧諸国のキッチンキャビネットやカウンターに並んでいる、もっと小さくて安価なアイテムに、最も顕著に表れているのだ。「キューテンシル（かわいらしいと用品という二つの単語を合成した表現）」の人気について考えてみよう。独特なデザインのかわいらしい台所用品のことだ。欧米人家庭のキッチンの引き出しを開けてみれば、「笑う猫の顔の形をした栓抜き」とか、「にっこり笑った顔のスパゲッティスプーン」とか、「ぎょろりとした目とひょろ長い足がついた野菜ブラシ」などが見つかるだろう。

あるいは、トースターを買いに行ってもいい。シンプルな従来型のものを見つけるのは難しいはずだ。最近の店に並んでいるのは、スタイリッシュ、ファンキー、スマートなどという、台所用品にはふさわしくない形容詞がつきそうな製品ばかりなのだ。

専門家の中には、このような状況を、「ずる賢いマーケティング担当者たちによる大衆操作だ」とか、「裕福な西欧人たちが、物の実態を度外視し、スタイルに目がくらんでいる証拠だ」と言う人もいるかもしれない。だが、それは経済の現状と人間の願望を読み誤っている。「地味なトースター」について、じっくりと考えていただきたい。

普通の人が、一日にトースターを使う時間はせいぜい一五分である。残りの一四二五分間、

正しく利用すれば、デザインは生活の質を高め、仕事を創出し、人々を幸せにしてくれる——それほど悪いもんじゃないだろう！
——ファッション・デザイナー、ポール・スミス

トースターは飾られているだけなのだ。言い換えれば、トースターにとって一日の一％が「実用性」を発揮する時間で、九九％は「有意性」を示すための時間である。それなら見た目が美しいほうが良いのではないだろうか。見栄えのいいトースターが四〇ドルに満たない値段で買えるのなら、なおさらだ。

ラルフ・ウォルドー・エマソンは、

「もっと良いネズミ捕り器を作れば、世界中の人があなたのもとに殺到するだろう」

と言った。しかし、豊かな時代においては、確実な〝ネズミ捕り〟器であると同時に、右脳にアピールするようなものでなければ、誰も買いに来てはくれないのだ。

デザインが必要不可欠な要素となったもう一つの理由は、商業形態の急速な変化にある。今日、製品は左脳的な「実用性」から、右脳的な「有意性」へと一瞬のうちに変化する。

携帯電話について考えてみよう。

一〇年足らずの間に、ごく一部の人のぜいたく品から、ほとんどの人の必需品となり、さらに多くの人にとって、個性を表現するためのアクセサリーとなった。

携帯電話は「論理装置」（スピードと特別な機能が重視された）から、「感情装置」（表現に富み、カスタマイズができ、夢のあるもの）へと姿を変えたのだと、日本の家電メーカーの役員、飯塚俊郎は表現している。

今の消費者は、電話そのものとほぼ同じくらいの費用を、携帯電話の装飾品（機能には無関係）にかけている。昨年一年間の着信音の売り上げは、四〇億ドルに相当するという。実際、デザインの持つ最も強力な経済効果とは、着信音、キューテンシル、光電池、医療機器のような分野で新しい需要を生み出すことである。

豊かさ、アジア、オートメーションといった要因によって、モノやサービスが価値のある「商品」へと急速に姿を変える。そんな中で生き残るためには、たゆみなく技術を革新し、新たなカテゴリーを創出し、（パオラ・アントネリの見事な表現を借りれば）「それがなかったことにすら気づいていなかったものを世界に提供する」しかないのだ。

●未来を「設計」できる人

デザインは私たちの食欲を刺激し、料理を引き立てる道具をキッチンに提供する以上のことができる。良いデザインは世界を変えることもできるのだ（そして、困ったことに、ひどいデザインでもそうなのだ！）。

医療施設を例にとってみよう。

ほとんどの病院や診療所は、趣味の良い素敵な場所とはとても言えない。医師も病院管理者も、この状態を変えたいとは思っているのだろうが、薬を処方したり手術を行なったりという、より差し迫った必要性に比べれば、デザインなど二の次になってしまうのが一般的だ。

しかし、医療施設のデザインを改善することで、患者の治癒を早められるという報告が次々とされている。

例をあげよう。

ピッツバーグのモンテフィオーレ病院で行なわれた調査によると、手術後、自然光が十分に差し込む部屋で過ごした患者のほうが、従来の病室にいた患者よりも鎮痛剤の投与回数が少なくてすみ、投薬料を二一%も低く抑えられたという。

まったく同じ疾患を持つ二つの患者グループを比較した調査もある。

一つのグループは、陰気な感じの昔ながらの病室で治療を受けた。もう一方は、現代的で太陽光が差し込む、見た目にもきれいな病室で治療を受けた。すると、デザインの良い部屋に入院していた患者のほうが、あまり感じの良くない病室にいた患者よりも、鎮痛剤の投与量が少なくてすみ、平均して二日早く退院できたという。

現在、多くの病院で施設のデザインの見直しが行なわれている。自然光をより多く取り入れたり、待合室をプライバシーと快適さを提供できるものにしたり、あるいは、瞑想することのできる庭や迷路庭園が治癒を早める効果があると医師たちも気づいたため、このようなデザインを取り入れるなどするようになった。

同様に、新しいデザイン感覚を活かせる可能性のある場所が他に二つある。どちらも官僚制度のもと、長いこと美しさなどないがしろにされてきた世界だ。

公立学校と公営住宅である。

ジョージタウン大学で行なわれた調査によると生徒、教師、教え方が同じでも、学校の物理的環境を改善することで、テストの点が一一％も上がることがわかったのだ。

一方、お粗末な外観で悪名高い公営住宅は、今ようやく改革に着手し始めたところだ。

インテリア・デザイナーのルイーズ・ブラヴァマンが手がけた、ニューヨーク市のチェルシー・コートが良い例である。厳しい予算のもとで作られたが、カラフルな吹き抜け階段があり、部屋は風通しがよく、ルーフデッキにはフィリップ・スタークの家具が置かれている。ここの住人はいずれも低所得者や元ホームレスである。

デザインは環境にも良い影響をもたらすことができる。

環境保護を意識した設計・デザインをしようという運動（グリーン・デザイン運動）によって、消費財のデザインに「持続可能性」の原則が取り入れられるようになった。これは、リサイクル材料を用いるのはもちろん、使用するだけではなく、いつかは廃棄するものだという観点で製品を作るアプローチである。

建築においてもこのグリーン・デザイン運動が取り入れられている。その理由の一つは、アメリカでは建築物が、車と工場を合わせたのとほぼ同量の汚染物質を出していることを、建築家やデザイナーたちが理解しているからである。アメリカでは一一〇〇棟以上の建物が、アメリカ・グリーンビルディング協会から「環境にやさしい建物」として認定されている。

これでもまだ、デザインには、「見栄えのいいガレージ」や「まな板」を作り出す以上の価値があることに納得できないならば、二〇〇〇年の米国大統領選挙を思い出していただきたい。

フロリダ州の得票数をめぐってアル・ゴアとジョージ・W・ブッシュが、三六日間にわたって激しく競い合った。今では、あの選挙とその後の混乱は単なる悪夢としか思えないかもしれないが、あの大騒ぎには、ほとんど無視されていた重要な教訓が隠されていたのだ。

民主党は、連邦最高裁判所が投票用紙の開票を中止させたことで、ブッシュは選挙に勝つことができたのだと申し立てた。対する共和党は、相手が選挙管理当局にきちんとパンチされていなかった投票用紙（チャドと呼ばれる穴あけ方式の用紙）もカウントするように迫り、勝利を手中に収めようとしたのだと主張した。だが、実は、両陣営とも間違っていたのである。

いくつかの新聞社と学識者たちが、選挙後一年かけてフロリダ州の投票数を徹底的に調査した。判明した事実の大半は、二〇〇一年九月一一日の同時多発テロの報道の陰に隠れ、二〇〇四年のブッシュの再選によって完全に忘れ去られてしまったのだが、実は二〇〇〇年の大統領選の勝者を決定づけたのは投票用紙だったのである。

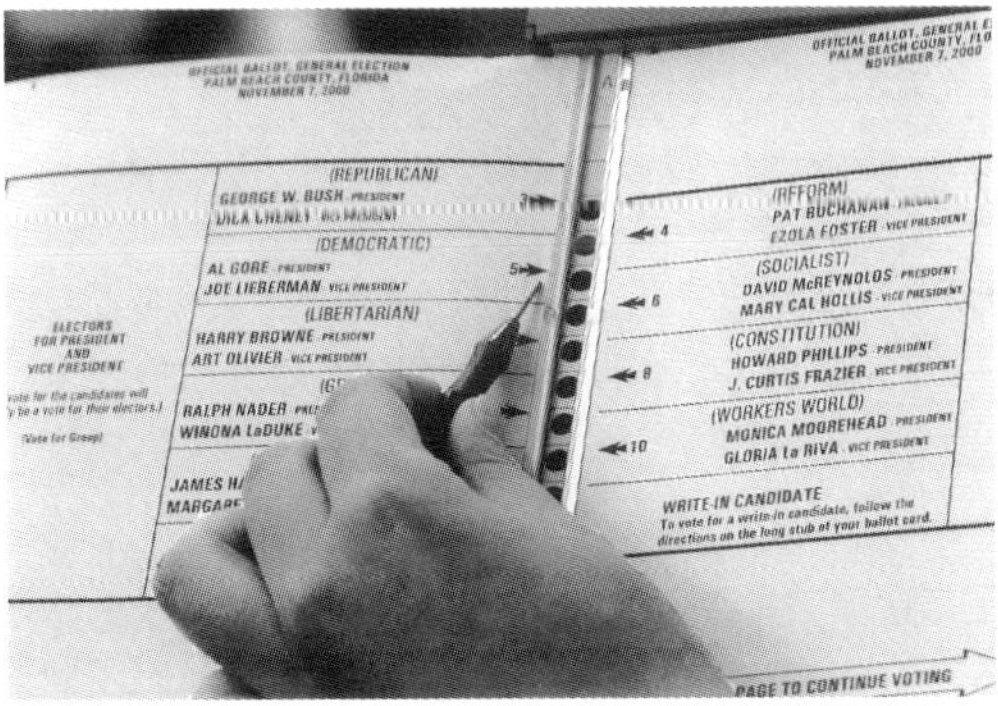

上の写真は、パームビーチ郡の有権者が使った悪名高い投票用紙である。
有権者は大統領に選びたい候補者にマークをする。何万人もの高齢のユダヤ系有権者を抱える非常に民主党寄りの土地であるにもかかわらず、パームビーチ郡では過激な保守系候補、パット・ブキャナンが三四〇七票を集めた。これは、彼が州内の他の郡で集めた得票数の三倍にあたる（ある統計分析結果によれば、他の六六郡での得票分布をパームビーチにも当てはめると、パット・ブキャナンの得票数は六〇三票にとどまったはずだという）。
さらに、パームビーチ郡では、五二三七人がアル・ゴアとパット・ブキャナンの両方をマークしたために、投票は無効とされてしまった。そして、結局、ブッシュが五三七票差でフロリダ州を制した。

ブキャナンが驚くほど多くの票を獲得し、何千票もの投票が無効とされてしまった理由はなんだったのだろう？

それは、デザインの悪さである。

無党派のメンバーによる調査の結果、パームビーチ郡での選挙結果——そして誰が自由世界のリーダーになるか——を左右したのは、連邦最高裁の弊害でもなければ扱いにくい投票用紙でもなかった。それは、「ひどいデザイン」だったのである。「バタフライ方式」の投票用紙に何千人もの有権者が困惑し、その結果、ゴアは大統領のイスを逃したのだと、調査の先頭に立った大学教授は語っている。

「投票用紙の説明とデザイン、そして投票機により、有権者が混乱したため、アメリカの歴史の流れを変えることになった」

のだという。投票用紙をデザインしたパームビーチ郡の当局に、少しでも芸術的センスのある人がいれば、アメリカの歴史も違ったものになったはずだ。

今なら、バタフライ方式の投票用紙と、それによる混乱が国家にとって良い結果をもたらしたのか、悪い結果をもたらしたのかと、有識者たちは論じることができる。これはあの時ゴア陣営に協力し、今も民主党員として登録している人たちの側からの狙い撃ち——つまり真相の全容解明——ではない。

デザインの悪さが民主党に有利に働き、共和党が敗北する可能性だってあったのだし、いつかはそんなことが起こる可能性もある。だが、支持者たちがなんと言おうとも、あのバタフライ方式の投票用紙は「コンセプトの時代」におけるロシアの人工衛星スプートニクの打ち上げと同じようなものだと考えざるを得ない。

つまり、この世界を変える驚くべき出来事であり、デザイン――いま、ようやく根本的な強さの源として認識されたもの――の面で、いかにアメリカ人が劣っていたかということを露呈した出来事だったのである。

＊注――さほど知られていないことではあるが、デュバル郡の投票用紙には第一ページ目に五名、第二ページにさらに五名の候補者の名前が記載され、「どのページにも投票すること」という指示が書かれていた。ここでは二人の大統領候補を選んだために無効となったゴア票が七一六二票あった。もし、適切な指示が記載されていたら、デュバル郡でもわずかの差でゴアに勝利がもたらされていたかもしれないのだ。

デザインは、アウトソーシングやオートメーション化の難しいハイ・コンセプトな能力であり、ビジネス上の競争で優位に立つためには、ますます重要になってきている。以前に比べれ

実用的なものが美しいというのは間違っている。美しいものこそ実用的なのだ。美しさは、よりよい生活や考えかたを私たちにもたらしてくれる。

――家具デザイナー、アンナ・カステッリ・フェリエーリ――

ば、優れたデザインは容易に手に入るようになってきたし、それらは私たちの生活に喜びや意義、そして美を取り入れるチャンスも与えてくれる。

だが、最も大事なのは、デザイン感覚に磨きをかけることで、小さな地球をすべての人にとって、より良い場所へと変えることができる点である。

「デザイナーになるということは、変化を生み出す主体者になることです」

と、この章のはじめに取り上げたフィラデルフィアのチャーター建築デザイン学校、CHADのバーバラ・チャンドラー・アレンは言う。

「CHADの卒業生たちが社会に巣立っていったら、どんなにか素晴らしい世界になるでしょうね」

まとめ――「デザイン」に関する備忘録

◎「気になったデザイン」は忘れずに記録

小さめのノートを用意し、常に持ち歩くようにしよう。そして、良いデザインを見つけたら、それを書き留めておくのだ。

（例「ホットスポットのシリコン製鍋敷き」。正方形の薄くて柔らかな正方形のもので、鍋つかみとしても使えるし、ビンのふたを開けるのにも便利。デザインもスマートだ）。

同様に、良くないデザインも書いておこう。

（例「愛車のハザードランプのボタン」。シフトレバーに近すぎて、駐車するときにしょっちゅうハザードランプをつけてしまう）。

これをしばらく続けていると、グラフィック、インテリア、生活環境などを見る目がとても鋭くなってくる。そして、デザインが私たちの日常生活に与える影響を深く理解できるようになる。体験したことのデザインも忘れずに記録すること。たとえば、カフェでコーヒーを飲んだ、飛行機で旅行に出かけた、ＥＲ（緊急救命室）に運ばれたときのことなど。メモを取るのが苦手な人は、小さなデジカメかカメラつき携帯電話を持ち歩き、優れたデザインや良くないデザインを見かけたら写真に収めるといい。

◎コーヒー一杯でできる「問題解決」実践練習

① 多少なりとも不満を感じている家財道具を一つ選ぶ。
② 本や新聞は持たず、紙とペンを持ってカフェへ行く。そして、コーヒー一杯を飲む間、思いついた悪いデザインのものを改良する方法を考える。
③ 不満な家財道具に関して考えつくアイデアやスケッチをそのままメーカーに送る。

さて、結果はどうだろう？（グラフィックデザイン監督のステファン・サグマイスターからの引用。詳細は www.sagmeister.com を参照）

◎「デザイン専門誌」に触れる

プロのデザイナーはデザイン雑誌を読んでいる（そして読みすぎる傾向がある）のだから、読者もやってみるといい（読みすぎないようにして）。デザイン雑誌を読むと、ただパラパラとページをめくっているだけでも、デザインに対する感覚が鋭くなるし、インスピレーションも得られる。書店には数え切れないほどのデザイン雑誌が並んでいる。単に高価なものを賞賛しているだけのものも多いが、特におすすめのものを八つあげておく。

▼『**Dwell**』――最も評価の高い住宅雑誌の一つ。公共サービスと環境責任に対する倫理があるのが、特に優れている点である（詳細は www.dwellmag.com 参照）。

▼『**How**』――おもに、グラフィックデザインに焦点を当てた素晴らしい雑誌。ビジネスに役立つアドバイスやおすすめの本の紹介が掲載されている。年に一度開催されるデザイン・コンペは、まさにアイデアの宝庫だ（詳細は www.howdesign.com 参照）。

▼『**ID**』――受賞歴もあるこの雑誌は、その年のベストデザインを選ぶ「デザイン・レビュー」を毎年行なっていることで有名。また、『ID40』では、新進デザイナーたちを紹介している（詳細は www.idonline.com 参照）。

▼『**Metropolis**』――特に建造物と資材をメインにすえた雑誌で、建物の建築環境については非常に優れた洞察を与えてくれる。サステナブル・デザインについて扱っている点も私は気に入っている（詳細は www.metropolismag.com 参照）。

▼『**Nest**』――いつも奇抜な幅広い内容で楽しませてくれる季刊誌。考えもつかないような、斬新かつ決して忘れられないアイデアを、常に提供してくれる（詳細は www.nestmagazine.com 参照）。

▼『**O Magazine**』――人気司会者オプラ・ウィンフリーが出している雑誌。クリエイターの

デザイン感覚が伝わってくるもので、あらゆるジャンルの雑誌の中で私のベスト三に入る。とにかく、読めばわかる（詳細は www.oprah.com/omagazine 参照）。

▼『Print』――こちらも、グラフィックデザインに関する雑誌。全米のグラフィックデザインを集めた便覧『Regional Design Annual』が有名（詳細は www.printmag.com 参照）。

▼『Real Simple』――知人のデザイナーは、この雑誌を「私のバイブル」と呼んでいる。この雑誌の論理は単刀直入だ。「日々の作業を明確にすることで、生活に本当の意味を与えてくれるものに焦点を絞れるようにする」ことである（詳細は www.realsimple.com 参照）。

◎世界的デザイナー「カリム」のように

「私たちのようにプロのデザイナーではない者が、生活にデザイン感覚を取り入れるには、どうしたらよいのでしょうか」

と、カリム・ラシッドにアドバイスを求めたところ、「カリマニフェスト」とも言える彼のモットーを教えてくれた。生活とデザインに関する指針が五〇のポイントにまとめられていたものだが、そのうちのいくつかを紹介しておこう。

▼1　専門的になるな。

▼5 ものを作り出す前に、そのアイデアやコンセプトがオリジナルのものなのか、それには本当に価値があるのかどうかを自問してみること。

▼6 自分が経験してきた仕事についてすべて理解し、その上で何か新しいものをデザインするときには、前のものは全部忘れてしまうこと。

▼7 「やれたはずなんだけど」とは決して言わない。それは、やらなかったことだからだ。

▼24 モノではなく、「経験すること」にお金を使え。

▼33 「普通」というのはいいことではない。

▼38 世の中には三種類の人間がいる。文化の創造者、文化の消費者、文化など意に介さない人。最初の二種類の人間のどちらかになるようにする。

▼40 一つのことにこだわらず、広く物事を考える。

▼43 生活で最も重要なのは「経験」である。そして、アイデアの交換や他人との触れ合いこそ、本来の人間のありかただ。場所や対象物によって、経験の印象が強まったり、台無しになったりすることがある。

▼50 今この場が、私たちにとってすべてである。

これらの言葉は、数多くの作品を生み出し、世界で最も多才で、高い評価を得ているデザイナー、カリム・ラシッドからの引用である（詳細はwww.karimrashid.comを参照）。

◎「自分オリジナル」のモノをつくる

私たちが皆デザイナーだとしたら、まず、自分で何かをデザインしてみるのが最初の一歩として最良ではないだろうか。

イタリア人デザイナーのガエターノ・ペッシェは、

「これからは、顧客はオリジナルなものを求めてくるようになるだろう。『第三の産業革命』が、自分だけのものを手にする機会をもたらしてくれるのだ」

と言う。たとえば、自分に合った色やパターン、イメージでナイキのシューズをデザインし、この「革命」を経験することもできる（www.nikeid.nike.com 参照）。また、バンズのスケート靴にも同様のサービスがある（www.vans.com 参照）。

あるいは、究極の個性の表現としては、自分の手書き文字で書体を作れるサービスもある（www.fontifier.com 参照）。

「消費者が商品を注文製作《オーダーメイド》できるサービスの急増は、一般の人々のデザインに対する見方に多大な影響を与え、デザインは厳しく評価されるようになるだろう」

と、デザイナーのデビッド・スモールは語った。

◎「愛着があるモノ」を点検

自分の人生の中で、特に心に残っているものを探そう。大学時代の古いシャツ、尻ポケットに心地よくおさまる財布、お気に入りのサービング・スプーン、格好いい新品の時計。それを目の前のテーブルに置くか、手に持ち、次の問いに答えてほしい。

①それを見たり使ったりするとき、あなたは何を思うだろう？　昔の経験？　それを使いこなすスキル？　それを作った人？　人に話したい素敵な体験や思いが何かあるはずだ。

②それは、あなたの五感にどのように働きかけるだろうか？　感覚に働きかけるいくつかの部分やデザインの特徴があることだろう。

③それから受ける感覚の手がかりは、そのものに対する考えや感じ方とどのように結びついているのかを考えてみよう。あなたはその結びつき（情報や知識が感性に与える影響）に気づくだろうか？

他のものでもこの演習をくりかえしやってみてほしい。特別な愛着など感じないものがいいだろう。心に残っているものと、特別な愛着がないものとの違いは何か？　なぜ、一方は感情を刺激してこないのか？　「自分の感情に働きかけてくるデザイン」を意識的に選ぶ能力を磨くことで、ただ多くのものを持つのではなく、意義があり、満足のゆくものに囲まれて暮らしていくことができるようになる。この節で述べたやり方は、デザイン・コンティニュアムの産業デザイン監督、ダン・ブフナーからの借用である（詳細は www.dcontinuum.com 参照）。

◎買い物をする際のチェックポイント

日々の生活の中で、使用に耐え、かつ楽しく使えるものを選ぶようにしよう。クラシックなデザインの衣類は、流行に左右されることがない。家具は長く使うほど趣《おもむき》を添えていくものだ。他人の注意を引くためではなく、自分が喜びを感じられるものを選ぶこと。家族や友人、そして自分の心以上に「もの」に重きを置くことは絶対にいけない。

これは、アニマトリックスの創業者で、社長であり、スタンフォード大学でインタラクティブ・デザインを教えるマーニー・モリスの言葉である（www.animatrix.com 参照）。

◎目に「保養」を

美術品は必ず美術館に収められているものだ。だが、応用美術、つまりデザインは、今にも壊れそうなファイルキャビネットの中やデザイナーの地下室で眠っている場合が多い。

幸い、この状況も変わりつつある。現在、いくつかの大都市には、工業製品やグラフィックアート、インテリア、建築デザインなどを所蔵する美術館がある。これらの美術館には、デザインの例も説明も十分にあり、デザイン感覚をさらに磨くのに役立つ。特に優れた美術館をあげておこう。

▼クーパー - ヒューイット国立デザイン・ミュージアム（ニューヨーク市）――常設展示されているクーパー・ヒューイット・コレクションは、世界最大規模の素晴らしいコレクションで、ミケランジェロの絵画からエバ・ゼイセルのデザインによるソルトシェーカー（塩振り容器）まで、あらゆるものが所蔵されている。どの展示もいつも素晴らしいが、特に同美術館が主宰する「ナショナル・デザイン・トリエンナーレ」の出品作を含む展示がよい（www.ndm.si.edu 参照）。

▼デザイン・エクスチェンジ（トロント）――この美術館兼研究センターの名称は、この建物がトロントの最初の証券取引所（ストック・エクスチェンジ）だったことに由来している。この美術館の目的は二つある。一つは、カナダの最も優れたデザインを人々に知ってもらうこと。もう一つは、来館者に世界各地のさまざまなデザインについて学んでもらうことである（www.dx.org 参照）。

▼デザイン・ミュージアム（ロンドン）――世界的に著名なデザイナーであるテレンス・コンラン卿の発案によって作られた二階建ての美術館で、二〇世紀から二一世紀のデザイン作品を交代で展示している。ギフトショップと子供向けアクティビティがとても充実している。ロンドン塔の近くにあり、

今まで知らなかったロンドンの街を発見することができる（www.designmuseum.org 参照）。

▼イームズ・ハウス（ロサンゼルス）――チャールズ・イームズとレイ・イームズ夫妻は、おそらく二〇世紀を代表する最も有名な家具デザイナーだ。二人がケーススタディとして建て、実際に長年過ごした家だが、現在は二人の作品の展示場所となっている。見学には事前予約が必要。ただし、年に一、二度は一般公開され、館内ツアーが行なわれる(www.eamesoffice.com/index2.php?mod=visit_house参照)。

▼ハーバート・ルバリン・デザイン・タイポグラフィ研究所（ニューヨーク市）――ニューヨークのイースト・ビレッジにあるこの静かな場所を訪れると、きっとグラフィックデザインに対する見方が変わるはずだ。

センターでは、独創的なグラフィックデザインの作品の保存に力を入れていて、おもにクーパー・ユニオンの生徒や教職員のための研究施設の役割も果たしている。時折、一般公開されてはいるが、素晴らしい所蔵品を見るためには予約を入れる必要がある（www.cooper.edu/art/lubalin/Welcome.html 参照）。

▼ニューヨーク近代美術館の建築デザイン部門（ニューヨーク市）――いうまでもなく MoMA は、世界でも最も素晴らしい美術館の一つである。だが同時に、アメリカで初めてデザインや建築作品の展示スペースを設けた美術館の一つでもある。常設展示ではスポーツカーから家具やポスターなど、あらゆる種類の作品を見ることができる。デザインの勉強をしている人なら、必ず足を運ぶべき場所だ（www.moma.org/collection/depts/arch_design/参照）。

▼ナショナル・ビルディング・ミュージアム（ワシントンDC）――ワシントンでも屈指の美しい美術館で、大会堂に入って五分間天井を眺めるだけでも、ここを訪れる価値がある。だが、もっと長い時間をかけて鑑賞すれば、公共心に満ちた建築や都市デザインの優れた展示に出会うことができるだろう。子ども向けのプログラムも秀逸だ（www.nbm.org 参照）。

▼ビクトリア＆アルバート美術館（ロンドン）――広大な展示室を誇る、美術作品とデザイン作品の両方を展示しているイギリスの美術館。約二〇〇〇年の歴史の中から、際立ったデザインのものを選んで展示している。たとえば、一〇世紀エジプトの壺から二〇世紀のイームズ作の収納庫まである。ここも子ども向けアクティビティが充実している（www.vam.ac.uk 参照）。

▼ヴィトラ・デザイン・ミュージアム（ドイツ、ヴァイル・アム・ライン）――フランク・ゲイリーがデザインした建物の中にあり、ヨーロッパの特に優れた産業デザインを常設展示している（www.design-museum.de 参照）。

▼ウィル・アイズナー広告デザイン・ミュージアム（ウィスコンシン州ミルウォーキー市）――この魅力的な近代美術館は、ミルウォーキー・アート＆デザイン美術館の一部門である。展示の大半は印刷物のデザインだが、興味深い産業デザインもいくつか見つけることができるだろう（www.eisnermuseum.org 参照）。

2

「議論」よりは「物語」

●誰でもすぐにタダで検索できる時代の「情報の価値」

突然だが、クイズに答えていただこう。

第1部2章で「コンセプトの時代」へと私たちを駆り立てる三つの要因について述べた際、私はいくつかの証拠をあげた。

本書も半ばに差しかかったところなので、読者がどのくらい覚えているか、テストしてみたい。次の二つの問いに答えて欲しい。

〈問1〉第1部2章の「第二の危機」のアジアに関する節で、大量のホワイトカラーの仕事がインドや中国、フィリピンなどの国々に流出しつつある、と述べた。その時、引用した調査結果では、今後一〇年間にこれらのコストの安い地域にアメリカから移ってしまう賃金の総計は何ドルだったか。

〈問2〉第1部2章の「第三の危機」のオートメーションの節では、処理能力の高いソフトウエアにより、西欧諸国のナレッジ・ワーカーの仕事に構造改革が起こり、仕事がなくなってしまうケースも多いことを学んだ。さて、「コンセプトの時代におけるジョン・ヘンリー」とは、誰のことか？

極めて鮮明な記憶力の持ち主、あるいは「損失賃金」について、特別な関心を抱いているのでなければ、〈問1〉に答えることはできないだろうが、〈問2〉なら答えられただろう。なぜか？　それは、〈問1〉では事実を思い出さなければならないが、〈問2〉では物語として記憶していれば答えられるからである。

＊正解　〈問1〉一三六〇億ドル
〈問2〉チェスの世界チャンピオン、ゲーリー・カスパロフ

個々の事実を思い出すのは難しいが、「ゲーリー・カスパロフの悲しい物語」を記憶から呼び起こすのは比較的簡単だ。それは記憶力が衰えているせいでも、アルツハイマー病の兆候でもない。普通の人の記憶力とはそういうものなのだ。物語は記憶しやすい。なぜなら多くの場合、私たちは物語としてものごとを覚えているからである。

認知科学者マーク・ターナーは、著書『The Literary Mind（リタラリー・マインド）』の中で、このように述べている。

「語りによるイメージ作り、すなわち〝物語〟は、思考の根本的な道具である」

「理性的な能力はこれ（物語）に依存している。物語は将来を見通し、予測し、計画を立て、説明するために最も大切な方法である。……私たちの経験や知識、思考の大部分は物語という形で構成されているのだ」

「物語」はデザインと同様、人間の経験にとって欠かせないものである。前章で触れた、腰布一枚の有史以前の男の話を思い出してほしい。石を岩でこすって研ぐことでデザイナーとなった人間の話だ。夜になって住処《すみか》に戻ると、男と仲間たちは、たき火を囲んで「サーベルタイガーから逃れた話」とか、「洞窟を修繕した話」などを語り合ったことだろう。

彼の脳の中にも、私たちと同じような「物語文法」があり、一連の論理的な事柄としてではなく、経験のパターンとして世の中を理解していたのだろう。物語を通じて自分を説明し、他人と接触していたのである。

だが、物語は人類の歴史を通して常にとても重要なものであり、私たちの思考の中心的役割を果たしてきた一方で、「情報化の時代」には、物語はやや不当な非難を受けた。

ハリウッドやボリウッド（インド映画産業）、そして、他のエンターテインメント産業では、物語は非常に重視されている。だが、それ以外の社会では、物語は事実と似てはいるものの信頼性の欠けるものと見なされ、誰も物語のことなど気にもしない。

物語は楽しむもので、事実は物事をはっきりさせるもの。

物語は核心から離れたもので、事実はそれを明らかにするもの。

物語は真実を隠すためのもので、事実は真実を明かすためのもの。

このような見方の問題点は、その二面性にある。

一つには、先ほどのクイズでお気づきかもしれないが、まず、私たちの脳の働き方に逆行していること。

次に「コンセプトの時代」では、物語の重要性を軽視していると、仕事の上でも、一人の人間としても危機に陥るということだ。

事実はいつも簡単に見つけられるわけではない。


観念的に言えば、人間は論理を理解するようにできていない。人間は物語を理解するようにできているのだ。

認知科学者、ロジャー・C・シャンク

ごく最近まで、世界各国のデータや情報の大半は、書庫の棚の上でほこりをかぶり、山積みにされていた。残りの情報は、潤沢な資金を持つ研究機関しか購入できない占有データベースに保存され、経験を積んだ専門家にしかアクセスできないようになっていた。だが、今では、「事実」はどこでもほとんど無料で、瞬時に手に入れることができる。

もし、先ほどの損失賃金に関する問いについて調べたければ、検索サイト・グーグルで単語を二、三打ち込み、検索すれば、数秒の間に情報を得ることができる。

アフリカのザイールに住む一三歳の英語を話す少年が、インターネットを使ってブリュッセルの現在の気温や、ＩＢＭ社の株式の終値、あるいは、ウィンストン・チャーチルが首相だったときの二番目の財務大臣の名前を、ケンブリッジ大学の首席司書並みに簡単に素早く調べることができる――今日では驚くことではないが、一五年前なら途方もないことに思えただろう。これは素晴らしいことだ。

しかし、実は、私たちの仕事や生活にも重大な影響を及ぼしているのだ。

事実というのは、誰にでも瞬時にアクセスできるようになると、一つひとつの事実の価値は低くなってしまうものなのだ。そこで、それらの事実を「文脈」に取り入れ、「感情的インパクト」を相手に伝える能力が、ますます重要になってくるのだ。

そして、この「感情によって豊かになった文脈」こそ、物を語る能力の本質なのである。

『英雄の旅物語』という永遠不滅の「成功パターン」

物語は、「ハイ・コンセプト」と「ハイ・タッチ」が交わるところにある。

物語は「ハイ・コンセプト」である。なぜなら、ある物事を別の文脈の中で説明することで、より明確にそのことを理解させてくれるからだ。

たとえば、ジョン・ヘンリーの話は、「産業の時代」初期の様子をとても簡潔に理解するのに役立つ。そして、ゲーリー・カスパロフの話は、ジョン・ヘンリーの話を新たな文脈に関連づけて理解させてくれる。そうすることで、複雑な内容をより印象的で有意義な方法で伝えることができるのだ。「仕事のオートメーション化」などというタイトルのパワーポイントを用いたプレゼンテーションで読者を悩ませるよりもずっといい。

また、必ず感情的な効果が盛り込まれているので、物語は「ハイ・タッチ」なのである。

ジョン・ヘンリーは命を落とし、ゲーリー・カスパロフは屈辱を味わった。作家のE・M・フォースターの有名な言葉を借りれば、事実は「女王が死に、国王が死んだ」であっても、物語では「女王が死に、その悲しみのあまり国王も亡くなった」となるのだ。

ドン・ノーマンは著書『Things That Make Us Smart』の中で、物語が持つハイ・コンセプトでハイ・タッチな本質について簡潔にまとめている。

――物語には、形式的な意思決定の方法では忘れられがちな要素を的確に拾い上げる巧みな力がある。論理は、ものごとを一般論としてとらえ、意思決定の際に特定の文脈や主観的な感情を排除する。一方、物語は文脈をとらえ、感情をくみ取る。情報、知識、文脈、そして感情を小さなまとまりに要約してくれるという点で、物語は重要な認知事象なのである――。

要約する、文脈に当てはめる、感情面に訴える、といった能力は、「コンセプトの時代」にはさらに重要となってくる。

定型的な知識労働の多くが、その形を変えられ、処理の速いコンピュータが代わりに行なうようになり、外国の賢い左脳型労働者に外注されるようになると、「物語」に代表される、「身につけるのが難しい能力」が、ますます貴重になってくるのだ。

同様に、豊かな生活を送る人が増えるにつれ、生活の「意義」を追求する機会が増えるだろう。そんなとき、物語――自分のことを語る物語も、自分たちに語りかける物語も含め――が意義を追求するための手段となることが少なくない。

この章の残りでは、物事を感情に訴えかける物語へとまとめ上げる、ハイ・コンセプトでハイ・タッチな能力が、ビジネスや医療、個人の生活などにおいて、いかに欠かせない資質になってきたかを検証していきたい。

だが、まずは、ある物語を紹介しよう。

昔、はるかかなたの土地に、誰からも尊敬されている裕福で幸福な勇士がいた。

ある日、三人の訪問者がやってきた。三人は勇士の欠点を次々と指摘し、今の地位に留まる資格はない、と言い出した。

勇士は抵抗したが、ムダだった。そしてその土地から追放され、違う世界へと送り込まれてしまったのである。

勇士は見知らぬ土地を一人でさまよいながら、もがき苦しんでいた。

しかし、そんな中で知り合った数人の力を借り、生まれ変わることができた勇士は、故郷に戻ることを誓った。

そして、ついにふるさとに戻ることができた。そこは、すっかり見慣れない土地になっては

『ランペルスティルツキン』(グリム童話)から、『戦争と平和』に至るまで、物語というのは人間の思考が生み出した、理解するための基本的な道具なのです。車輪を使う以前にも優れた社会はありましたが、物語のない人間社会など一つも存在しなかったのです。

——作家、アーシュラ・K・ル=グウィン

いたが、それでもふるさとであることに変わりはなかった。そして、人々は彼を歓迎してくれたのである。

聞いたことのある話だと思わなかっただろうか。それもそのはず、これはジョーゼフ・キャンベルの言う「英雄の旅」の物語の素材だけを記述し、素っ気なくしたものなのだ。

一九四九年に出版された著書『千の顔をもつ英雄』（人文書院）の中で、キャンベルは、「時と文化を超え、あらゆる神話には同じ基本的な要素が、変わらぬ一般的な手法で盛り込まれている」

と論じている。新しい物語など絶対にない、と彼は言う。同じ物語が書き直されているだけだ、と。そして、人類誕生の頃からある、すべてに通じる青写真のような物語が、「英雄の旅」なのだ。

英雄の旅の物語は三つの部分に分けられる。

旅立ち、新たな世界に入る「イニシエーション」、そして帰還である。

英雄はお告げを聞くが、初めは拒絶し、その後、一線を超えて新しい世界へ踏み出す。

イニシエーションの間には厳しい試練が課され、底知れぬ絶望を味わう。だが、その過程で、たいていは良き指導者が現れ、かけがえのない授けものをもたらしてくれる。そして英雄は、新たな人格を持った人間へと生まれ変わる。それから、もとの世界に戻り、二つの世界の長となって、両方の世界の改善に全力を傾けるのである。

この構成は、ホメロスの『オデュッセイア』から、ブッダの物語、アーサー王伝説、ネイティブ・アメリカンに伝わるサカジャウェアの物語、『ハックルベリー・フィンの冒険』、『スター・ウォーズ』、『マトリックス』にいたるまで、さまざまな物語の基盤となっている。キャンベルに言わせれば、あらゆる英雄物語がこの構成になっているのだ。

だが、「英雄の旅」には、別の要素もある。読者もわからなかったかもしれない。私自身、つい最近まで気づいていなかったのだが、それは「英雄の旅」は、本書の基盤にもなっている、ということである。

本書は「左脳思考」に精通したナレッジ・ワーカーの物語として始まった。ナレッジ・ワーカーは、自己変革の必要性（豊かさ、アジア、オートメーションに起因する）に迫られ、要求（新しい仕事や生活方法への対処）に答えなければならない。

最初は、その要求に逆らう（アウトソーシングに抵抗し、自分たち自身が変わる必要があることを認めない）。しかし、結局は境界を超える（「コンセプトの時代」に進む）。

そして、さまざまな試練や困難に直面する（「右脳主導思考」を身につけなければならない）が、不屈の努力を続け、新たな能力を身につけ、両方の世界で生きていける人間として戻ってくるのだ（新しい全体思考を身につけている）。

私は本書に神話的な構成があると言っているのではない。絶対に。それどころか、指摘したいのは、その対極にあることだ。つまり、一般的な物語や「英雄の旅」の構成を持つ物語というものは、いたるところにあるということだ。

私たちは、とかく共通の物語を通して世の中の出来事をとらえ、理解しようとしがちである。それはしっかりと根づいた人間の生来の傾向なので、たいていの場合、そのことを意識していない。自分で文章を書いているときでさえ、気づかぬほどだ。

だが、「コンセプトの時代」では、この物語の力を呼び覚ます必要がある。

●ヒューレット・パッカードも3Mもゼロックスも始めたこと

ロバート・マッキーは、ハリウッドで最も影響力を持つ人物の一人だが、スクリーン上で彼の顔を見たり、エンド・クレジットで名前を見かけたりすることはない。

マッキーは一五年間にわたって、アメリカやヨーロッパで脚本家志望者を対象とした三日間のセミナーを開催し、人の心をつかむ物語の書き方を教えてきた。彼のセミナーに六〇〇ドル（約七万円）をポンと出した人が、すでに約四万人にのぼる。

ちなみに彼の教え子たちは、二六個のアカデミー賞を手にしている。映画の脚本を書こうと思う人なら誰でも、まず彼の著書『Story: Substance, Structure, Style, and The Principles of Screenwriting』を読むことから始める。

だが、ここ数年、「地元の映画館でチケットとポップコーンを買う」といった程度しか映画産業との接点がない人たちからも、彼に注目が集まっている。企業幹部、起業家、伝統的ビジネスに従事する人々などである。

なぜ、彼らはマッキーに助言を求めるのだろう？

その答えは、短気なマッキー先生ご自身の言葉で示そう。

「ビジネスマンには、物語に懐疑的な人が多い。だが、実際は、統計上の数字は真っ赤な嘘をでっち上げるために使われ、会計報告は虚飾まみれの嘘っぱちである場合が多い。もし、ビジネスに携わる人が、『経験を物語として表現したい』という自然な衝動を感じたら、その衝動に逆らうのではなく、受け止めて活かしていくことが、聞き手を感動させるカギとなる」

ビジネス界では、物語は多額の利益をもたらすものだと認識され始めている。

経済学者、ディアドラ・マクロスキーとアルジョ・クレイマーの計算によると、相手を説得するビジネス——広告、カウンセリング、コンサルティングなど——は、アメリカのGDP（国内総生産）の二五％に相当するという。

神話とは、尽きることのない宇宙のエネルギーを人間という存在に注ぎ込むための、秘密の風穴である。

——ジョゼフ・キャンベル

仮定ではあるが、もし、これらの「説得ビジネス」の半分を占める要素が「物語」であるとするならば、それがアメリカ経済に貢献した額は一兆ドル（一一〇兆円超）にものぼる。

つまり、マッキーやその他の人々に支持されてきた物語の価値観を、思いもよらないやり方で取り入れている組織が数多くある、ということである。

最もわかりやすい例は、「組織的ストーリーテリング」と呼ばれる運動が起こっていることである。その目的は、組織の壁の中に存在する物語を認識し、それらの物語を組織としての目標追求のために活かしていくことである。

この運動の発起人の一人であるスティーブ・デニングは、シドニーで弁護士としてキャリアをスタートし、後に世界銀行の中級経営幹部になったオーストラリア人である。

「私は左脳型人間だった。大きな組織というのはこういうタイプの人間が好きなんだ」

と、彼は語っている。

あるとき、世界銀行で大改革が行なわれ、彼は好きな仕事を失い、世界銀行におけるシベリアのような部門に左遷させられてしまった。その部署は「ナレッジ・マネジメント（知識管理）」と呼ばれ、企業が抱える膨大な情報や経験を系統立ててまとめるところだった。デニングはその長となったのである。そして、最初はしぶしぶではあったが、改革を始めた（「英雄の旅」に似ていると思わないだろうか？）。

世界銀行にある「情報」とは何なのか、すなわち、どのような知識を管理しなければならないのかを理解しようと努めるうちに、デニングは、銀行の公式書類や報告書を読むよりも、カフェテリアで人々と話をしたほうが多くを知ることができることに気づいたのである。組織の情報は、「組織内で語られる物語の中にある」ことがわかったのだ。

つまり、真に銀行の情報を管理する責任者になるには、二五年の間に身につけてきた「左脳主導型」の弁護士的なアプローチを超えた考え方をする必要があったのである。そこで、彼は、知識情報を物語の中に込め、物語の形で伝達することにした。そして、そのようなアプローチを用いた先駆者として、世界銀行を「ナレッジ・マネジメント」のリーダー的存在にしたのである。

「物語は分析的思考に取って代わるものではない」

と、デニングは言う。

「物語は新たな将来的展望や、新しい世界をイメージさせることで、分析的思考を補完するものである。抽象的な分析は、厳選された物語を通して眺めることでわかりやすくなる」

現在、デニングは、世界中の企業に自分のメッセージを広め、「物語」を伝える活動をしている。

物語が持つビジネスの可能性に惹《ひ》かれたのはデニングだけではない。

3Mでは、経営幹部にストーリーテリングの講座を受けさせているし、NASAでもナレッジ・マネジメント（知識経営）にストーリーテリングを使い始めている。

また、ゼロックスでは、修理部門の社員がマニュアルからではなく、他の社員と話を交わすことで機械の修理を学んでいくことを知り、社員が持つ「物語」をデータベース「ユーレカ（何かを発見した時に叫ぶことば）」としてまとめた。このデータベースは同社にとって、一億ドル（一一〇億円超）の価値があると『フォーチュン』誌は推定している。

さらには、企業が社内の物語を集め、活用する手助けをするベンチャー企業もいくつか登場してきた。その一つが、シカゴ郊外に本社のあるストーリー・クエストだ。

ストーリー・クエスト社では、顧客企業にインタビュアを派遣し、従業員たちから物語を聞いて記録する。そして、個人の物語をもとに、その会社の企業文化や使命を広い観点から洞察できるCDを作成するのである。

イギリスでは、ローレンス・オリビエの息子のリチャード・オリビエとジョーン・プロウライト（ローレンス・オリビエの妻）、そして、元シェイクスピア劇場監督が、大企業を対象に、物語を企業経営に取り入れる方法についてアドバイスを行なっている。オリビエは、自身のテクニックを「神話ドラマ」と呼ぶ。彼の顧客は、シェイクスピア劇を読んだり演じたりして、リーダーシップや企業管理に役立つ教訓を得る。

「論理力や分析力だけでは、もはや成功は保証されない」

と、オリビエは言う。ビジネスで成功するには、財務会計の知識と「物語術」を組み合わせる力が必要なのだ。

タイタス・アンドロニカスを気取っている購買部長をからかうのは簡単だ。しかし、現実には、動きが遅く、変化を好まない大企業でさえ、「物語」――ひと昔前なら企業経営者たちから一笑に付された言葉である――に取り組み始めているのだ。そしてそれは、先ほど私が述べた生来の能力に訴えかけてくる。

ヒューレット・パッカードの経営幹部であり、ゼロックスのＰＡＲＣの共同創立者でもあるアラン・ケイは言う。

「型通りの役員会で上《うわ》っ面《つら》を剥《は》がしてごらん。我々は皆賢者がやってきて物語を話してくれるのを渇望している（ブリーフケースをかかえた）原始人に過ぎない」

●「思わず買ってしまうワイン」の秘密

物語はビジネスにもう一つ重要なインパクトをもたらす。デザインと同様、物語は個人や起業家があふれた市場において、自らの商品やサービスを際立たせるためのキーポイントになってきている。

この現象をわかりやすく説明するために、私自身の消費生活からいくつかの例を紹介しよう。

一つ目は、郵便物の中で物語が差別化要因になっていた例である。

我が家はワシントンDCの北西にあり、ゆっくりと世代交代が進んでいる地域である。何十年も前にレンガ作りのこぎれいなコロニアル風の家を買い、子どもを育て終えた人たちは今、引退の時期を迎え始めている。

一方、子どものいる若い夫婦は、実際に都市の近くに住まなくても、近郊住まいの利便が得られるこの地域に住みたがっている。見込み客が潜在的売り手の数をはるかにしのいでいるため、住宅市場の相場が上昇してきた。そして、家を売って他に移り住む年配の住民をさらに増やすため、不動産業者はこの近辺のすべての家に頻繁にはがきを送っては、ごく普通の家が目を見張るような高値で売れると売り込んでいるのだ。

そんな中、ある日届いた不動産会社のはがきは、一風変わっていた。実は危うくゴミ箱に放り込んでしまうところだったのだが。そのはがきの片面にはよくある写真――不動産会社が、つい最近販売した数ブロック先の家――が写っていたのだが、その裏面には感嘆符のたくさんついた大きな文字で販売価格を書く代わりに、こんな文章が載せられていた。


フローレンス・スクレトウィックズさんとご主人様がこの素敵な家を購入されたのは、一九五五年のことでした。

二万ドル（当時のレートで約六〇〇万円）で手に入れたこの家を、お二人は細部までとても気に入っていました。

　硬いオーク材の床、鉛枠も使った大きな窓、ドアまわりのオーク材の装飾、古いイギリスの暖炉、そして庭の池……。

　九一歳になり、フローレンスさんは、フレンドシップ・ハイツにある老人施設「ブライトン・ガーデンズ」に移りました。

　そして、古くから家族ぐるみで親しくしていた隣人のフェルナンデス姉妹が、この宝物を売ってくれないかと私に託してくださったのです。

　私は喜んでお引き受けしました。フローレンスさんは、家の掃除や屋内外の塗装、床の修繕、窓の洗浄などを私どもにお任せくださいました。

　そして、この家の新しい住人になられたスコット・ドレッサーさんとクリスティ・コンスタンティンさんにお話を伺ったところ、お二人もやはり、この家をとても気に入っていて、生涯ここに住みたいとおっしゃっています。


はがきには販売価格は書かれていなかった。最初は書き忘れたのかと思ったが、実は「コンセプトの時代」にふさわしい巧みなマーケティング戦略だったのだ。

　家の販売価格を調べるのは簡単だ。新聞やインターネット、あるいはご近所の人とのおしゃべりからもわかる。それに、このあたりの家はどれもよく似ていて、販売価格もさほど変わらないのである。だから、不動産業者がどんなに根気よく高い価格を大々的に宣伝したはがきを送り続けたところで、潜在的売り手が特定の業者を選ぶ際の決め手にはならないのだ。それに、半世紀にわたって住み続けてきた家を売るという決断は単に金銭的なことではなく、感情的なものでもある。

だとしたら「家を売る」というハイ・タッチな人間関係を成立させるため、また、一人の不動産業者が数限りなくいる同業者たちから差別化を図るための最良の手段は、「物語」なのではないだろうか。

もう一つ、豊かな時代に物語が功を奏した例を紹介しよう。

ある日の午後、夕食の材料を買いに出かけた私は、ワインを買うことにした。店には良いワインが揃っていたが、数は少なく、全部で五〇本ほどだった。私はすぐに、あまり高価でない三本の赤ワインを選んだ。どれも値段はほとんど同じで、九ドルから一〇ドル(約一〇〇〇円)。品質もだいたい同じに思えた。何か決め手はないだろうか?

私はそれぞれのボトルを見た。二本のラベルにはワインにつきものの客の気を引く形容詞がずらりと並んでいた。だが、一本だけ、"2Brothers"の"Big Tatto Red"には、こんな物語が書かれていたのである。

このワインは、エリックとアレックス・バーソロミアスという二人の兄弟のアイデアから生まれました。彼らにはある理由があって、アレックスが製造し、エリックが描いたラベルを貼った良いワインを、あまり堅苦しくないやり方で売りたいと考えていました。

二人の目的とは、ガンに苦しんで亡くなった母親に敬意を捧げることでした。（中略）

アレックスとエリックは、"Big Tatto Red"の売り上げから、一本あたり五〇セント（約六〇円）を、リリアナ・S・バーソロミアスの名で、北バージニアのホスピスや各地のガン研究基金に寄付することにしています。

皆様のご協力のおかげで、初回出荷時の売り上げから七万五〇〇〇ドル（約八八〇万円）を寄付することができました。今後もさらに多くの寄付をしていきたいと考えています。

"Big Tatto Red"をお買い上げくださいました皆様に、母に代わってアレックスとエリックより御礼申し上げます。

私がどのワインを買ったかは、おわかりだろう。

●治療に大きな成果を上げている「物語医学」

現代医学は驚嘆すべきものだ。

私の脳の映像を撮影したＭＲＩのような高性能のマシンを使えば、体内の仕組みを垣間見ることができる。新薬や医療機器のおかげで、たくさんの命が救われ、多くの人の健康状態が改善している。だが、このような目覚ましい発展は、医療における日常的ではあるが、重要な側面を犠牲にしていることが少なくない。

「医療制度は人の物語を完全に排除してしまうこともできる」

と、ニューヨークにあるストーニー・ブルック大学病院のジャック・クールハン博士は言う。

「残念なことだが、医学界では、物語は科学の中で最も低次元なものだと考えられている」

読者自身もおそらく経験があるだろう。

診察室で待っていると医師が入ってくる。そして、必ずといっていいほど、次のような展開になる。あなた（患者）が症状の経緯を話し始めると、それを医師がさえぎるのである。

二〇年前、ある研究グループが、診察室での医師と患者のやり取りをビデオテープに収録し、調査を行なったのだが、医師は患者が話し始めてから平均して二一秒後に患者の言葉をさえぎっていることがわかった。近年、別の研究グループが行なった同様の調査結果をみると、少し状況は改善されている。医師たちは患者の話を邪魔するまで平均して二三秒待つようだ。

だが、患者に対する「事実偏重」のあわただしい対処方法は変わりつつある。

これは、物語を診断や治療の中心にすえようという試みを推進しているコロンビア大学医学部教授のリタ・シャロン博士の力によるところが大きい。

彼女は、若手内科医として病院で回診を行なっていたとき、驚くべき発見をした。それは、医師として行なっていることの多くが、物語を中心に展開されているということだった。

患者は自分の病気について話す。医師も自分の言葉で話を繰り返す。病気そのものも「物語」として展開される。いたるところに物語があったのだ。医学部のカリキュラムと、教師や学生の意識の中を除き、あらゆるところに。

そこでシャロンは、すでに持っていた医学博士号の他に、英語の博士号も取得し、医学教育の改革に乗り出した。二〇〇一年には、『ジャーナル・オブ・アメリカン・メディカル・アソ

人は病気になったとき、自分の身に起こっていることを物語の形で理解するものだ。患者は自らについての物語を語る。我々が医師として治療や処置をする能力は、患者の物語を正確に認識する能力と密接な関係がある。もし、これができない医師がいたら、片方の手を後ろに縛られたまま仕事をしているのと同じことだ。

――開業医、ハワード・ブロディ博士

シエーション』誌に、「医療における全体思考的アプローチ」を提唱する論文を発表して、「物語医学」運動を立ち上げた。論文の中で、彼女は次のように述べている。

――科学的に優れた医学だけでは、患者が病気と闘ったり、苦しみの中に意義を見出したりする手助けをすることはできない。科学的な能力とともに、患者の話を聞いてその意味を把握して尊重し、その上で患者の身になって行動する能力が医師には必要なのです――

現在、コロンビア大学では、すべての医学部二回生が、医学の中核をなす科学の授業に加えて、物語医学の授業を受けることになっている。その中で学生たちは、患者の語る物語をより親身になって聞き、それを鋭敏に「読み取る」ことを学ぶ。こうして巣立った若い医師たちは、型にはまった一連の質問を並べて診断するのではなく、より広い視野に立って患者の状況を探ることができる。「どこが痛みますか?」と尋ねるのではなく、「あなたの人生について話してください」と語りかける。

いくつかの調査によると、医学部の学生は学年が上がるにつれ、他人と共感する能力が下がっていくらしいが、物語医学が目指しているのは患者との「共感」であり、そこからハイ・タッチでハイ・コンセプトな結果を生み出すことだ。物語を学ぶことで、若い医師は患者と良い関係を築けるようになり、患者の人生物語を背景に現在の症状を判断できるようになる。

シャロンによれば、良い医師になるには、物語の能力が必要であり、それは「人が物語から吸収し、解釈し、それに答える能力なのだ」となる。

物語医学は、長年「左脳思考」が中心だった世界に右脳的アプローチを取り入れようとする大きな流れの一部である。一五年前には、アメリカの医学部で人文科学のコースを採用していたのは、全体のおよそ三分の一だった。それが現在では、四分の三にまで増えている。

伝説的に有名なニューヨーク市のベルビュー病院では、独自の文芸雑誌『ベルビュー・文芸レビュー』を刊行している（文芸雑誌はコロンビア大学、ペンシルバニア州立大学、ニューメキシコ大学などの医学部でも発行され始めた）。

この文芸雑誌の編集長であるダニエル・オフリ博士は、医学部で教鞭《きょうべん》をとっているのだが、生徒たちに「最低一つは担当の患者の経験をもとに物語を書くこと」を課しているという。つまり、患者の視点から患者の物語を伝えるということである。

「これは小説家がやらなければならないことと大差ありません」

と、オフリ博士は言う。

「基本的に他人に共感でき、善意のある人々に、患者と人間関係を結ぶためのより良いスキルを授けることができると思っています」

もちろん、物語の能力は、専門技術に取って代われるものではない。患者の物語を親身になって聞くことができても、血圧を測り忘れたり、間違った薬を処方したりするようでは、医師として失格である。

だが、シャロンの提唱するアプローチは、若い医師たちが医者としての仕事に、より大きな「共感」を吹き込む助けになるだろう（「共感」については第2部4章で、より詳細に述べる）。

たとえば、シャロンの学生たちはみな、一人の患者に対し、二つのカルテを作成するという。一つは量的な情報や医学専門用語が並んだ、典型的な病院のカルテである。

だが、もう一つは、患者に関する物語や、自分自身の感情の推移を記録しておくもので、シャロンはこれを「パラレル・チャート」と呼んでいる。

この方法の効果を確かめるために行なわれた初めての調査によると、「パラレル・チャート」をつけている学生のほうが、つけていない学生に比べて、患者とより良い関係を築くことができ、インタビューや技術的なスキルも優れていたという。

物語だけで病気を治すことはできない。だが、物語が現代のテクノロジーと結びついたとき、素晴らしい癒しのパワーを発揮することができるのだ。

的確に考えることができ、共感することもできる医師、検査結果の分析と物語の理解ができる医師、すなわち新しい全体思考を備えた医師。これからの医学界では、このような医師が増えるのかもしれない。

私たちの物語は、私たち自身である。

長年にわたる経験や思い、そして感情を数行の言葉に凝縮し、他人に告げ、自分自身にも伝える。そのことに間違いはなかった。だが、豊かな時代においては、個人的な物語がより重要に、そしてより急を要するものになるだろう。多くの人が、もっと自由に「自己と人生の意義」を探求するようになるからである。

家を売るため、あるいは、医師の思いやりの心を深めるための手段として、あるいはそれ以上に左脳では考えられないような理解の道筋が物語には表現されている。物語を耳にするたびに、自己認識への切なる思いが感じ取れる。

たとえば、「スクラップブック作り」の趣味は驚くほど広まったが、人々は自分の人生の断片をつなぎ合わせることで世界に、そして、おそらくは後世の自分自身に伝えるために物語を編んでいく。自分が誰で、どのような存在であるかを伝えるために。

また、「家系図調べ」の人気が高まる中、何百万人もの人がウェブサイトを検索して得た情報の断片から、自分の家族の歴史をまとめようとしている。

このような努力は、物語が与えてくれるものを人々が切望しているということを如実に示している。

もし、物語が思い浮かんだら、それを大切にしなさい。そして必要とされる場所で与えることを学びなさい。人は生きるために食料よりも物語を必要とすることもあるのです。

『極北の夢』の著者、バリー・ロペス

感情によって豊かに表現された状況、自分のいるべき場所はどこか、なぜ、それが重要なのか、といったことへの深い理解を渇望しているのである。

「コンセプトの時代」は、これまで常に真実でありながら、実際に行動に移すことのなかったあることに気づかせてくれた。それは、人は互いの物語に耳を傾ける必要があるということ、そして、一人ひとりがそれぞれの人生の物語の作者なのだ、ということである。

まとめ──「物語」に関する備忘録

◎「ミニミニ短編小説」を書く

どんなものでも、「書く」というのは大変な作業だ。

短編小説を書くのは本当に難しいし、小説や脚本、映画の台本となると、何年もかかることがある。ともかく、気楽な気分で、「ミニ短編小説」を書いてみよう。ミニ短編小説は、特に短い物語で、単語数は五〇。これより多くても少なくてもいけない。それでも普通の小説と同じように、「導入・主部・結末」と三つの部分から構成されている。

ロンドンの『テレグラフ』紙は長年にわたり、ミニ短編小説のコンテストを毎年開催している。選ばれた作品を読むと、わずか五〇語の中に、どれほど創造力を詰め込むことができるのかがよくわかる。読者も、ミニ短編小説にチャレンジしてみるといい。きっとやみつきになることだろう。ヒントとして、例を二つ紹介しておこう。

▼「人生」──ジョーイは五人兄弟の三番目。一六で家を出て、国中を転々とした後、結局は妻子とともにノッティンガムに落ち着いた。二人は代わるがわる働き、子どもは外で遊び、家

計はいつも苦しかった。ここから去るためなら何でもする、と思うこともあったが、妻は余命一年とわかっている。彼女はしかしそれを知らない。

——英国ブライトン在住、ジェーン・ローゼンバーグ

▼「ひどくリアルな夢」——友人たちの家に泊まりに出かけた晩、彼の眠りは鮮烈な夢で乱された。泥棒が入り、部屋にあるものを一つ残らず盗み去り、それから、それぞれの精巧な複製を元の場所に慎重に戻していく、という夢である。

「ものすごくリアルだったよ」。翌朝、彼は友人たちに話した。恐怖にさらされ、事情をのみ込めないながらも、若干ぞっとしながら、彼らは尋ねた。「で、あんた誰?」

——英国マルドン在住、パトリック・フォーサイス

◎「自分史」を語る

ニューヨークのグランド・セントラル駅の真ん中に、奇妙な外観の四角い小屋がある。「物語ブース(Story Booth)」と呼ばれるものだが、ニューヨークにお住まいの方は一度足を運んでみてほしい。一〇ドル(約一二〇〇円)で一時間、そのブースを使用できる。

話を聞き、それを保存しておきたいと思う人(たとえば、九〇歳になる曾祖母、「変人」のテ

ッドおじさん、通りを下ったところに住んでいるミステリアスな男など……）にインタビューをし、放送番組と変わらない品質でそれを残せるのである。

これはすべて「ストーリー・コープス（Story Corps＝個人史）」の一貫で行なわれている。「ストーリー・コープス」は実におもしろい国家プロジェクトで、「アメリカ人に、それぞれの個人史を音声で残してもらうよう働きかける」というものである。マッカーサー基金のフェロー、デビッド・イセイが考え出したこのプロジェクトは、一九三〇年代にＷＰＡ（公共事業促進局）が行なった、歴史を口承しようとするプロジェクトをモデルにしている。

投稿された物語は、最終的にすべて、アメリカ連邦議会図書館のアメリカン・フォークライフ・センターにあるこのプロジェクトのアーカイブに蓄積され、後世の人々が利用できるようになるという。

だが、参加するために、わざわざグランド・セントラル駅まで、あるいはニューヨークに足を運ぶ必要はない。「ストーリー・コープス」のウェブサイトには、自分で行なうためのストーリー・キット（Story Kits）という製作用キットが提供されている。

「『ストーリー・コープス』では、私たちが共有する人間性や蓄積してきたアイデンティティを公表しています」

と、プロジェクトの主催者は言う。

「これによって、私たちをつなぐ物語をとらえ、明確にすることができます。友人、隣人、あるいは、家族にインタビューするというプロセスは、インタビューする側にもされる側にも深い影響を及ぼすものだとわかりました。これまでに、人間性が変わったり、友情がはぐくまれたり、離ればなれだった家族の結びつきが強まったり、お互いをよりよく理解できるようになったりした例を見てきました。結局、相手の声に耳を傾けるという行為は、愛情の表われなのです」（詳細は www.storycorps.net を参照）

◎テープレコーダーの活用法

「ストーリー・コープス」のやりかたは複雑で性に合わないという人は、もっと簡単な方法を自分なりに試してみるといい。

適当な友人か親類を選び、席についてもらい、テープレコーダーの録音ボタンを押す。それから、その人の人生について質問を始める。


「奥さん（ご主人）と知り合ったきっかけは？」

「最初に就いた仕事は？」

「初めて外泊をしたのは何歳のときでしたか？」

「最悪だった教師は誰ですか？」

「人生で最も幸せを感じた日はいつですか？」

「では、一番悲しかった日は？」

「最も恐怖を感じた日は？」

「これまでで最良の決断は何でしたか？」……。

次から次へと物語が出てくることに驚くに違いない。

そして、それらの物語を自分や他人のために記録することに、喜びを覚えるだろう。

◎デジタル機器の活用法

物語は古くからある芸術だ。だが、あらゆる芸術と同様、物語も近代的なツールによって質を高めることができる。

デジタルカメラ、安いAV編集用プログラム、フォトショップ（Adobeのソフトウェア名）、CD-RWドライブがあれば、誰でも絵やサウンドとともに、心の中にある物語を表現することができる。これらの最新テクニックを学ぶには、毎年行なわれるデジタル・ストーリーテリング・フェスティバル（202ページを参照）の会場「ストーリーテリング訓練所」を訪ねるのがいいだろう（私自身もこの訓練所に参加したことがあるが、時間とお金をかける価値があったと思う）。

デジタル・ストーリーテリング・センターにも、講座や参考資料がたくさんある（www.storycenter.org参照)。

その他、技術によって、いかに物語の質を向上できるかを知るには、インターネットで、ストーリーテリング関連コミュニティをのぞいてみるといい。Fray（www.fray.com）や、City Stories Project（www.citystories.com）、子どもの頃に信じていた物語を集めた魅力的なホームページI Used to Believe（昔はそう信じていた）(www.iusedtobelieve.com）などがある。

◎質のいい短編を読む

短編を読むのは物語的資質を養うためには素晴らしい方法だが、どうすれば高尚な文学雑誌を一所懸命に読まずに、質の良い短編に出会えるのだろうか？

答えが一つある。『One Story』という画期的な冊子を利用するのだ。編集者のメアリーベス・バッチャとハンナ・ティンティが選別をしてくれている。購読者には物語が一つ送られてくる。ポケットサイズの冊子で、ポケットやかばんに入れて簡単に持ち歩ける。物語の多くはたいていい素晴らしいものだ。それに一つの物語、ただそれだけを読むのだから、極めてシンプルである。

たくさんの物語の間に詰め込まれていたり、『ニューヨーカー』誌の中で一万語もあるカザフスタンに関する記事と『日陰者ジュード』(トマス・ハーディ著、国書刊行会他）の記念出版のレビューとの間にはさまっていたりするよりもいい。

私も数年前から『One Story』の購読をしている。また、この定期購読（年間購読料はわずか二一ドル〈約二五〇〇円〉だ）を知人にプレゼントしたこともある（詳細はwww.one-story.com参照）。

◎「ストーリーテリング・フェスティバル」に参加

驚くほど多様な世界中の物語を聞いたり、語り手たちに出会ったりするには、このところ増えてきている「ストーリーテリング・フェスティバル」に足を運ぶのがいいだろう。

開催期間は二日間から三日間で、プロも素人も含め、多くの人がステージで物語を語る。こういうイベントに参加する語り手の中には、ちょっと自分に酔っているタイプもいる。鼻にかかった南部人気取りで話したりするわけだ。

でも、必ずと言っていいほど、素晴らしい物語とそれを語る魅力的な人々に出会えるはずだ（特に優れたフェスティバルは項末参照）。

◎物語の感性を磨く3冊の本

物語の資質を高めるための最良の方法は、優れた物語を読むことだ。

特に、イソップ寓話のような原型的なもの、ギリシャ・北欧・ネイティブアメリカン・南アジア・日本などの神話、聖書、シェイクスピアの戯曲などがいいだろう（物語そのものに対するより、広い視野を持ちたいと考えている人の必読書は次の三冊）。

▼『Story――Substance, Structure, Style, and the Principles of Screen-writing』（ロバート・マッキー著、未刊）――次の傑作映画脚本を書くという野望を抱いていない人でも、ロバート・マッキーの著書は一読の価値がある。この本は、映画のストーリーの基本構造を説明したもので、登場人物にどのように話をさせるかに始まり、二六種類の物語のジャンルについてまで書かれている。控え目に言っても、この本を読めば映画の見方が変わるはずだ。

▼『マンガ学――マンガによるマンガのためのマンガ理論』（スコット・マクラウド著、美術出版社）――「この本は、これまでに読んだ本の中でも最高の部類に入る」と言うと、皆大笑いするのだが、彼らは全然わかっていない。スコット・マクラウドの傑作（絶対間違いない！）であるこの本は、マンガの効用を述べている。物語がどのように展開するか、絵と文字が組み合わさることでどのような

効果をもたらすか、読者はどんなふうに意味を補いながら読んでいくのか、といった点について説明してある。

そして、特に注目なのは、マクラウドはこの本を長編マンガの形で書き上げている点だ。まったく、すごい。

▼**『千の顔をもつ英雄』**(ジョーゼフ・キャンベル著、人文書院)——作家の卵はもちろん、自己実現を望むすべての人にとって理解しておくべき「英雄の旅」という概念は、キャンベルの本によって紹介されたものである。

キャンベルの別の側面も知りたいという人には、一九八〇年代末に行なわれた、ビル・モイヤーとの対談をおすすめする。CDやDVD、ビデオでも手に入る。キャンベルの講義や著作を収録したものも、彼の名を冠した財団から出ている(詳細はwww.jcf.org/works.php参照)。

●特に優れた「ストーリーテリング・フェスティバル」

▼**ナショナル・ストーリーテリング・フェスティバル**——アメリカで開催されるストーリーテリング・フェスティバルの草分け的存在。毎年一万人以上の人が訪れる。

場所=テネシー州ジョーンズボロ　時期=一〇月　詳細はwww.storytellingcenter.comを参照。

▼**ユーコン・インターナショナル・ストーリーテリング・フェスティバル**——すでに一〇年以上続い

ているフェスティバル。日が長くなる六月に行なわれ、ユーコン準州やグリーンランド、そして、アイスランドなどの「極寒地域」の語り手たちの物語がここの目玉である。消滅しつつある言語を守るために、その言語で物語が語られることもある。

場所＝カナダ・ユーコン準州ホワイトホース　時期＝六月　詳細は www.storytelling.yk.net/を参照。

▼ベイエリア・ストーリーテリング・フェスティバル——週末に屋外で開催されるもので、アメリカ西部では最も優れたフェスティバルの一つである。

場所＝カリフォルニア州エル・ソブランテ　時期＝五月　詳細は www.bayareastorytelling.org を参照。

▼オーストラリア・ナショナル・ストーリーテリング・コンテスト——オーストラリア・ストーリーテリング協会主催。ここの特徴は、国中から語り手だけでなく人形使いなども参加する点である。

場所＝オーストラリア・クイーンズランド州ブリスベーン　時期＝九月　詳細は www.home.aone.net.au/sotries/nd4fest.htm を参照。

▼デジタル・ストーリーテリング・フェスティバル——コンピュータや他のデジタル機器を使い、人の心をつかんで離さない物語を生み出す話し手やエンターテイナーが数多く参加する、素晴らしいフェスティバルだ（197ページ「デジタル機器の活用法」を参照）。

このフェスティバルの創始者は、デジタル機器を使ったストーリーテリングの草分け的存在、ダナ・アチュリーである。彼は数年前に他界したが、早すぎる死であった。

場所＝アリゾナ州セドナ　時期＝六月　詳細は www.dstory.com を参照。

▼ケープ・クリアアイランド・インターナショナル・ストリーテリング・フェスティバル――アイルランド最南端の島で開催される。このフェスティバルには世界中からさまざまなジャンルの語り手が集まる。物語の多くは英語だが、アイルランド語で語られるものもある。

場所＝アイルランド共和国、ケープ・クリアアイランド　時期＝九月　詳細は indigo.ie/~stories を参照。

▼シェアリング・ファイヤー（ニューイングランド・ストーリーテリング・カンファレンス）――アメリカでは最も歴史の古い地方フェスティバルの一つである。アメリカ東部の優れた語り手たちが集う。

場所＝マサチューセッツ州ケンブリッジ　時期＝九月　詳細は www.lanes.org/stf.html を参照。

3

「個別」よりも「全体の調和《シンフォニー》」

●バラバラの断片をつなぎ合わせてみる力

これは私である。

もっとも、厳密に言えば違う。これは私が自分を描いた絵、つまり自画像だ。まったく、ひどい絵だ（それにこの鼻の穴！これ以上は聞かないでいただきたい……）。

私は絵を描くのが苦手だったので、あるとき一週間、習いに行くことにした。だが、ありきたりの絵画教室に参加するのではなく、本書の内容により近いアプローチを採ることにした。

それは右脳で描く、という方法だった。ベティ・エドワーズが考案したもので、詳細は同じタイトルの彼女の著書『脳の右側で描け』に書かれている。

この自画像は、いわばダイエットの商品広告の「使用前」写真のようなものだ。あの絵は初日、しかも講義が始まる前に描いたものである。

そして、この章の終わりでお見せするが、五日間のコースが終了する頃には、もっと違う絵を描けるようになった。その過程を通じて、次の「ハイ・コンセプトな資質」について、たくさんのことを学んだのである。

その資質を「調和《シンフォニー》」と呼ぶことにしよう。

シンフォニーとは、バラバラの断片をつなぎ合わせる能力である。

「分析する」というよりも「統合する力」であり、「一見、無関係に思える分野に関連性を見出す力」、「特定の答えを出す」というよりも「広範なパターンを見つける力」、そして「誰も考えなかったような要素の組み合わせから新たなものを創造する力」なのだ。

また、「調和《シンフォニー》」は、文字通りにも比喩的にも、右脳に備わっている資質である。

第1部1章で説明したように、MRIを使って行なわれた神経科学の研究により、右脳は同時的、文脈的、そして調和的に機能することがわかっている。一本の特定の木についてではなく、森全体について考え、バスーン奏者や第一バイオリンの音だけではなく、オーケストラ全体の演奏に耳を傾けるのである。調和のとれた思考というのは、作曲家や指揮者に特徴的な能力だ。彼らの仕事は、多種多様な演奏者の楽器によって奏でられる音を集め、統合された心地よい音楽を生み出すことである。起業家や発明家も、ずっとこの能力を頼りにしてきた。だが、今日、「調和力」はさらに幅広い人々にとって必要不可欠な資質となっている。

その理由は何か。先に述べた「情報化の時代」から、「コンセプトの時代」へと私たちを駆り立てる三つの要素を思い出していただきたい。

かつて、ナレッジ・ワーカーが担当していた定型的な分析業務は、オートメーション化され、コンピュータが行なうようになった。また、このような仕事の多くがアジアに流出し、より少ない費用で先進国と変わらぬ品質で行なわれるようになった。このため、知的職業につく人たちは、コンピュータや低賃金の外国人技術者にはできない、より難しい仕事を進んで（時にはやむを得ず）やるようになったのである。

たとえば、パターンを認識すること、境界を外して考え、隠された関連性を見つけ出すこと、イマジネーションを大胆に飛躍させることなどだ。さらに、情報、個人の選択肢、あるいは単なるモノがあふれている世界では、日々の生活における「調和力」の重要性がいっそう増してくる。

現代の生活は、うんざりするほど選択肢や刺激があふれているので、物事の全体像をとらえる力、つまり、本当に重要なことを見極める力が、個人の幸福を追求する上で決定的な強みを持つのである。この「調和《シンフォニー》」の能力を理解し、また、高めるための最良の方法は、絵の描きかたを学ぶことだ。

●「見たまま」を絵に描く人、「頭の中」を絵にする人

さきほどの自画像を見てもわかるように、私自身、絵を描くのはまったく苦手だった。絵画教室の初日の朝、スケッチブックを開き、鉛筆を削る前に、創作活動の本質について教えられた。

「絵を描くことは、おもに『関連性』を見ることです」

一文に集約されたその言葉を、ブライアン・ボマイスラー先生は、その後、五日間にわたって何度も繰り返した。

彼が講師である。

講座には私の他に六名の生徒がいて、カナリア諸島の弁護士から、ニュージーランドの薬剤師まで、実にバラエティ豊かだった。そこでベティ・エドワーズが著書の中で考案したテクニックを学ぶのである。ブライアン先生は、都市のサブカルチャーに精通したニューヨーク在住

の優秀な画家だ。その後五日間、私たちの教室となるソーホーにある六階のロフトの壁には、彼の作品（制作中のものも含め）が飾られていた。すでに二〇年もこの講座を開いているそうだ。彼は、ベティ・エドワーズの息子でもある。この五日間のワークショップを共同開発した母親と同じく、ボマイスラー先生も、絵を描くことは見ることだ、と信じている。

「ものに名前をつけることが問題の始まりだ」

と先生は言う。その証拠として、そして私たちの技量を測るために、まず一時間で自画像を描くようにと言ったのだ。私たちは小さな鏡を取り出し、特大のスケッチブックを開いて、絵を描き始めた。私は一番に描き終えたのだが、私の絵を見た先生は、即座に、

「初めてウェイト・ウォッチャーズ（ダイエットのウェブサイト）を訪れた、チーズ・ドゥードル（スナック菓子）がやめられない体重一八一キロの人」

と評した。まだまだ先は長そうだ……。しかし、これ以上悪くなることはないのだから、きっと少しは進歩するだろう。

横目で私の絵を見ながら、

「あなたの問題は、見たものを描いていないってことだよ」

とボマイスラー先生は言った。私が描いたのは、「子どものころから記憶している象徴的イメージ」なのだ、と。

先生の言葉を理解するために、204ページにもどって、我慢して私の自画像をもう一度見てい

ただきたい。私の唇は実際、こんなふうではない。こんな唇の人などいない。私は唇の象徴的イメージを描いたのだ。実を言うと、それは子どものころから頭に刻まれている象徴なのだ。

この鉛筆書きの唇は、子どものころ、シカゴに住む祖父母を訪ねるために通ったルートI—94沿いで見かけたマギキスト社の看板によく似ている。

ある意味では、私は単に現代の象徴的「唇」を書いただけで、本当の自分の唇を見て、それが顔全体の中でどのような位置関係にあるのかを認識して描いたわけではなかったのである。

その日の授業の中で、先生はピカソの線画を見せ、それを模写するように指示した。

だが、私たちが描き始める前に、その絵をさかさまにするように言った。そうすることで、私たちには「何を描いているのかわからなくなるから」だというのだ。左脳をあざむき、右脳のための道筋をはっきりさせることが彼の目的だった。右脳の活動を左脳が認識していないときにこそ、頭は物事の関連性を自由にとらえ、それらを全体像へと統合することができる。これは多くの点で描画を学ぶ際のキーポイントとなっている。

それと同時に「調和力」を身につけるためのカギでもある。

たとえば、私の自画像があれほどおかしい理由の一つは、位置関係が正しくない点にある。

私たち七人の生徒は、授業を通して人間の顔の中の関連性を学び、さらに重要なことには、それをよく「見る」ようになった。

たとえば、両目の中心を結んだ線からアゴ先までの距離は、そこから頭のてっぺんまでの距離と同じである。私は、実際よりもずっと高い位置に目を描いていた。そして、その一つの関係を誤ったために、絵全体が不格好になってしまったのである。

ボマイスラー先生は、「パリのリーヴ・ゴーシュ（セーヌ河左岸の芸術家が多い地域）で絵描きをしていたミスター・ロジャーズ（子ども向けテレビ番組『Mr.Roger's Neighbourhood』で有名）」とでもいった風貌の、生徒に対する思いやりのある先生だ。絵を描いているときにはいつも、部屋の中を歩き回り、生徒を励ましてくれる。

「私は、あなたたちの左脳をおとなしくさせるためにここにいるんだ」

とつぶやきながら。

ある日、ネガのスペース、つまり、画像の間や周辺部の空白についての授業で、彼は次のようなＦＥＤＥＸ（フェデラルエクスプレス）のロゴを見せた。

ＥＸの部分の、ＥとＸの間のスペースを見てほしい。白い矢印の形が見えるだろうか。これが「ネガのスペース」である。気がつく人とつかない人がいる。

週の後半に他の参加者のポートレートを描くとき、まず、大きな紙全体を薄く塗り、モデルの頭の輪郭以外の部分を消して、頭の形を浮き上がらせた。

「ネガのスペースは極めて有効な描画テクニックだ」

とボマイスラー先生は言う。

「絵の描き方を学ぶときの秘訣の一つなのだ」

その後、私たちの大半がそれまで気づきもしなかったような関係、たとえば、ポジティブ・スペースとネガのスペース、光と影、アングルと配置といった関係について学んだ。


　机の上に置かれたイスや、自分の手のシワや、ボマイスラー先生のスタジオの隅にかかる影などを描いた。

　先生は、

「絵を描くことは、おもに『関連性を見ること』です」

という持説を繰り返していた。関連性が一体化したとき、全体が作り出されるのだ。


　そして、ある意味では、この絵のコース自体もそのような構成になっていた。関連性をとらえるためのすべての演習は、最終日の午後、新たに理解したことがらを全体像としてまとめること、つまり二度目の自画像制作につながっていたのだ。

FedEx

●「これから成功する可能性大」の3タイプ

絵を描くことと同様、「調和《シンフォニー》」とはおもに関連性をとらえることである。

「コンセプトの時代」に成功したいのなら、一見バラバラで多様な秩序の間にある関連性を理解しなければならない。明らかに無関係な要素を結びつけて、新しいものを作り出す方法を知っている必要があるのだ。

また、類推力、つまり、ある物事を他の観点からとらえることにも長けている必要がある。言い換えれば、次の三タイプの人は成功する可能性が大だということだ。それは、「境界を超えられる人」「発明できる人」「比喩を作れる人」である。

▼「境界」を自分で超えていく人

今の時代、もっとも普及していて、いちばん大事であろう接頭語はなんだろう?

それは「マルチ」だ。

私たちは「マルチタスク」で仕事をこなす必要がある。社会は「マルチ・カルチャー」だ。

エンターテインメントは「マルチメディア」で楽しめる。

以前は、一つの分野で専門知識を身につければ成功が保証されたが、現在は、まったく異なる領域の仕事を同等の自信をもってこなせる人が、多額の報酬を手にできる。

このような人々を「境界を超えられる人」と呼ぶことにする。彼らは複数の領域で専門性を身につけ、異なる言語を操り、さまざまな体験の中に喜びを見出すことができる。「マルチ」な人生を生きているのだ。そのほうがおもしろいし、昨今ではより効率的だからである。

境界を超えられる人の例をあげよう。

哲学の教授であり、ピアニストでもあるアンディ・タックがその一人だ。彼は、これらの分野で磨いたスキルをマネジメント・コンサルタント会社の経営にも活かしている。

他には、ボストン在住の牧師兼小児科医のグロリア・ホワイト＝ハモンド、オペラの作曲家でハイテク音楽機器の開発も手がけるトッド・マコーバー、数学の専門知識を複雑な服飾デザインに取り入れているジェーン・バーンズなどがいる。

シカゴ大学の心理学教授で、『流れ＝最適体験の心理学』や『創造性＝発見と発明の心理学と流れ』という有名な本を著したミハイ・チクセントミハイは、クリエイティブな人たちの生

私がしていることは、パターン認識なの。他の誰よりも早くパターンを見つけ出そうと努力しているのよ。

——小説『パターン・レコグニション』（ウィリアム・ギブスン・角川書店）の主人公、ケイス・ポラード

活を調査した。そして、その結果、「創造性の大部分は伝統領域の境界を超えることにある」と気づいたという。非常にクリエイティブな人というのは、大多数の人がまるで気づかない関連性をとらえることができる。

専門化したナレッジ・ワーク（知識労働）が、短期間でルーチン・ワーク（定型業務）となり、オートメーション化されたり、外注されたりしてしまう世の中では、このような能力が重視される。

デザイナーのクレメント・モックは、

「今後一〇年間のうちに、私たちは境界線を超えて、自分の専門分野とはまったく異なる世界へ踏み込んで考え、働かなければならなくなる。そして、ただ境界を超えるだけではなく、機会をしっかりと見極め、それぞれを結びつけるようにしなければならない」

と語っている。

たとえば、コンピュータ関係の仕事がインドの会社へ委託されるようになると、東洋のプログラマーたちと西洋の顧客との関係を管理できる人材への新たな需要が発生する。

このような全体思考を持った専門家は、二つの文化に通じ、コンピュータというハード面の知識と、セールスやマーケティングというソフト面の知識を兼ね備え、ときには対立することもある異なる集団の間を、外交官さながらに如才なく行き来できなければならない。

こんなマルチな人間が、しばしば専門家さえ当惑してしまう問題をも解決できるのである。

「技術面での行き詰まりが、技術者ではない人によって解消されることはよくある。そのような場合には〝IQよりも全体像をとらえる力のほうが重要だからである。思考を大きく飛躍させられる能力は、画期的アイデアの発案者に共通して見られる特徴だ。非常に広いバックグラウンドと総合的な知力を持ち、幅広く多様な経験を積んできた人に、このような能力の持ち主が多い」

と、MITのニコラス・ネグロポンテは語っている。

境界を超えられる人は二者択一式の選択はせず、複数のオプションといくつかの解決策を織り込んだものを模索する。彼らは複数の職を持ち、多様な生活を送り、いくつものアイデンティティを発揮して生き生きとしている（たとえば、オマー・ワソーだ。ナイロビ生まれのアフリカン・アメリカン・ユダヤ人の起業家で、政策通で、テレビ番組のアナリストである）。

彼らの存在は、複数専攻の大学生への評価が高まっていることや、複数の学問分野にまたがる「学際的」と呼ばれる学部が急増していることの説明にもなる。

また、チクセントミハイも、境界を超えられる人たちの才能には、これに関連した側面が見られる、と指摘している。それは、伝統的で型にはまった性的役割で彼らを理解することはできない、ということだ。

彼が調査したところ、若い人たちに「男らしさ」「女らしさ」についてのテストを実施すると、何度やっても同じ結果となり、クリエイティブで才能豊かな女性はそうでない女性よりも支配的でタフであり、クリエイティブな男性は、他の男性に比べて繊細で攻撃性が低いことを発見した。

この結果からユニークな特徴がわかる、とチクセントミハイは言う。

「精神面が中性的な人は、事実上対応のレパートリーが倍になるので、より豊かな視点で世間の人々と交流でき、多様なチャンスを手に入れることができるのだ」

別の言葉で言えば、偉大な人は中性的なのである。二〇〇年前にサミュエル・テイラー・コールリッジが語ったことを、今日「境界を超えられる人」たちが思い出させてくれているのだ。

▼何か「発明」できる人

一九七〇年代、ハーシー・フード・コーポレーションは、ちょっとおかしなコマーシャルのシリーズを放映していたが、そこには図らずも「右脳主導思考」の重要な教訓が含まれていた。

その広告は、次のようなものだ。

ある人がチョコレートバーをかじりながら夢見心地で歩いていると、もう一人がピーナッツバターを食べながら、同じくぼんやり歩いてくる。

そして二人がぶつかる。

「おい、君のピーナッツバターが、ぼくのチョコレートについたじゃないか」

と最初の人が言う。すると、もう一人はこう答える。

「そっちのチョコレートも、ぼくのピーナツバターについちゃったよ」

そして二人は手に持ったものを食べてみる。

二人はお菓子の傑作ができ上がったことにびっくり仰天。そこでアナウンサーの声が入る。

「リーズのピーナツバター・カップ。二つの味が一つになって、たまらない美味しさ！」


「右脳思考型」の人なら、このお菓子の衝突のロジックを理解できるだろう。

「リーズのピーナツバター・カップ革新理論」――私はこのように呼んでいる――を理解できるセンスが生まれつき備わっているからだ。

これは、誰も一つにしようと考えなかった、二つの既存アイデアを組み合わせるだけで、とても効果的なアイデアが生まれることがある、ということを示している。

たとえば、熱心なクロスカントリー・スキーヤーであるジョン・フェイベルについて考えてみよう。彼はスポーツが大好きだが、肩に食い込むバックパックのストラップにはいつも悩まされていた。そしてある日、ニューヨークに出かけた際にブルックリン橋を渡ったところで、問題の解決策を思いついた。

認知科学者のジル・フォコニエとマーク・ターナーの言う「概念融合」のように、フェイベルは、つり橋の構造をそれまでのバックパックに取り入れたのである。そして、今では一般的となっているエコ・トレックという、背負いやすいバックパックを発明したのだ。

このような直観的で創意に富んだ関連づけを行なえる能力は、右脳の機能である。ドレクセル大学とノースウェスタン大学の認知神経科学者たちは、「そうか！」と思う瞬間に先立って洞察のひらめきがあり、爆発的な神経活動が右脳半球で起こることを突き止めた。だが、より秩序立った左脳型の思考で問題を解決するときには、「これだ！」というひらめきをつかさどる部分は活動しないのだという。この右脳の活動を活性化する能力を身につけることが、「情報の時代」から次の時代へと移行する私たちにとって急務なのである。

今日のビジネス界では、初めは革新的であった製品が、ごく短期間で一般的な消費財になっていくので、個人も企業も成功するためには厳しい努力を強いられる。

作業の大半は外注したり、オートメーション化したりして、ただひたすら発明に集中しなければならない。そのためには、新たな組み合わせにチャレンジし、インスピレーション中心のアプローチにはつきものの多くの失敗に耐えられる能力や、精神的強さのある人材が必要になってくる。

信じない人もいるかもしれないが、幸運にも私たちは、みなこの開発能力を備えている。英国人で、スタントマンから発明家へと転身し、バッテリーや電気がなくても使える手回し式発電ラジオを発明したトレバー・ベイリスはこんなふうに言っている。

「発明は足を踏み込めない魔法の世界ではありません。誰だってやってみることができるのです」

ほとんどの発明や画期的なアイデアは、既存のアイデアを新しいやりかたで組み立て直すことにより生み出されている。この「調和」の力を進んで開発していけば、「コンセプトの時代」で成功を収めることができるだろう。

▼巧みな「比喩」が作れる人

ある日出勤すると、上司が「お前の耳を貸してくれ」と言ったとする。第1部1章でも述べたが、この言葉を文字通りに解釈したら、恐ろしい意味になってしまう。

左脳は少々パニックに陥り、脳梁を越えて右脳に助けを求めてくるだろう。すると、右脳が左脳をなだめ、このフレーズを文脈で解釈して、「お前の耳を貸してくれ」というのは比喩であることを説明するわけだ。上司は何も、本当に（左耳を切った）ゴッホになれと言っているのではない。これから私が言うことを聞いてくれ、と言っているだけなのだと。

「比喩」、すなわちあるものごとを別の観点で理解することも、「調和《シンフオニー》」の大切な要素である。だが、多くの右脳的思考の特徴と同じく、比喩も不当な評価を受けている。

「西洋の伝統では、比喩は論理の世界から排除されてきた」と、優れた言語学者であるジョージ・レイコフは述べている。

比喩《メタファー》はすべての芸術の活力源だ

――トウイラ・サープ――

比喩は装飾だとされることが多かった。つまり、詩人が使う、さほど重要でない類のもの、あるいはありきたりの内容や不快な言葉を聞こえよくするための美辞麗句だと考えられていたのだ。

だが、実は比喩は論理の中心をなすものである。その理由として、「人間の思考プロセスは、大部分が比喩的だから」だと、レイコフは書いている。

比喩は、一部の認知科学者が「想像力の合理性」と呼ぶ、全体思考的能力である。現代の複雑な世の中では、この能力がいっそう価値あるものになってきている。

私たちは毎朝、眠りから覚めて明かりをつけると、「ああ、今日も一日大量のデータや情報が激しく渦巻く中を漕ぎ進んでいかねばならないのだ」と思い知らされる。ある種のソフトウエアを使えば、データを整理して、それなりにパターンを見つけ出してはくれる。しかし、比喩的な思考ができるのは人間の脳だけであり、コンピュータには決して検出できない関連性を発見するのも人間の脳なのである。

豊かな時代には、斬新で人を惹《ひ》きつけるものを考案し創造できる人が、最も多額の報酬を得ることができる。だからこそ、比喩を作れる能力が不可欠なのだ。

例をあげよう。

ジョルジュ・デ・メストラルは愛犬の毛にくっついたいがに気づき、それを比喩的に解釈してベルクロ（マジックテープ）のアイデアを思いついた。コンピュータにはできないことである。

また、振付師のトゥイラ・サープは、「あなたが創造するものは、すべて何か他のものの表れで、比喩によって意味が高められている」と述べ、比喩《メタファー》指数（ＭＱ）を高めよう、と呼びかけている。なぜなら、「創造の過程では、ＭＱはＩＱと同じくらい重要なもの」だからだ。


他者を理解する助けにもなるという点でも、比喩的な思考は重要である。

これは、マーケティング担当者が、顧客の心理的イメージを調べる質的調査を行なって、数的調査の結果を補完する理由の一つにもなっている。

たとえば、ハーバード・ビジネス・スクールのジェラルド・ザルツマン教授が開発した方法では、調査対象の商品やサービスについての印象を絵で表してもらい、それをコラージュに仕上げる。これによって、世論調査やフォーカスグループを対象にした調査結果を補完するのである。

ザルツマンはこの手法を用いて、顧客の製品に対する比喩的イメージを引き出している。コーヒーは「エンジン」、セキュリティ機器は「親しみやすい番犬」といった感じだ。

だが、比喩によってもたらされる利益は、商業界をはるかに超えたところにまで及んでいる。

今日、電気通信技術が驚くほど発展し、さまざまな地域への旅行が可能になり、人々の寿命が延びたおかげで、かつてないほど多様な人々と知り合えるようになった。比喩的想像力は、他者と共感できる関係を作り、経験を分かち合う上で必要不可欠なものである。

最後に、そして、最も重要な点だと思うが、比喩には意義に対する渇望を癒してくれる働きがある。豊かさのおかげで物質的癒しを得られても、結局は自分の人生を比喩的にどうとらえられるかということがはるかに大切なのだ。たとえば、自分の人生を「旅」と考えるのと、「ネズミが回す踏み車（単調な仕事の連続）」と考えるのではずいぶん違う。レイコフは言う。「自己理解の大部分は自分の人生を意味あるものにしてくれる、自分にふさわしい比喩を探すことにある」

比喩を理解すればするほど、自分自身の理解も深まるのだ。

●「先見の明に優れた人」の共通項

どんな交響曲でも、作曲家と指揮者はさまざまな責任を負う。金管楽器と木管楽器が調和を保ち、打楽器がヴィオラの音をかき消さないようにする、といったことを確実に行なわなければばならない。

このように個々の楽器の関係を完璧に仕上げることは、重要ではあるが最終目標ではない。作曲家や指揮者が望んでいるのは——これが人々の記憶に長く残るか、すぐに忘れられてしまうかの分かれ目なのだが——パート間の関係を整理して、個々の楽器が奏でる音を合わせた以上の「荘厳なハーモニーを奏でる能力」を得ることなのである。

それは「調和《シンフォニー》」のハイコンセプトな能力なのだ。「境界を超えられる人」「発明できる人」「比喩を作れる人」は、皆、関連性の重要さを理解している。

だが、「コンセプトの時代」には、「各関係の間の関連性」をつかむ能力が必要とされる。

この包括的な能力は、「システム思考」「ゲシュタルト思考」「ホリスティック（全体論的）思考」など、いろいろな名前で呼ばれている。私は簡単に「全体像を見る能力」と呼ぶことにする。

ビジネスの世界では、この「全体像を見る能力」がますます重要になってきている。これまでのナレッジ・ワーカーは、概して割り当てられた仕事をこなすだけで、大きな庭の中の自分の持ち場の世話をして一日を過ごすようなものだった。しかし、いまでは、彼らの仕事は海外の企業に委託されたり、コンピュータで処理するための命令文とされたりしている。

その結果、高性能コンピュータにも、低賃金の海外の専門家たちでは同等にこなすことがで

最初の車輪を発明した男は大バカ者だ。それ以外の三つを発明した男は、天才だ
——シド・シーザー——

きない仕事に一層の価値が見出されるようになってきた。つまり、断片の結びつけ方を想像し、統合することである。起業家や成功したビジネスマンには、以前にも増してこの資質のある人が多く見られる。

たとえば、最近行なわれた注目すべき研究によると、自力で成功して億万長者になった人は、一般の人より四倍も失読症である比率が高いという。

なぜだろうか？

失読症だと「左脳型思考」、およびその中核をなす線的・連続的論理で考えることに問題を生じる。だが、視覚障害者が鋭い聴覚を身につけるのと同様に、失読症の人は他の部分で並み外れた能力を獲得するのだ。

イェール大学の神経科学者であり、失読症の専門家でもあるサリー・シェイウィッツは次のように書いている。

「失読症の人の思考は異なっている。直観力があり、問題解決力に優れ、全体像を見て、簡略化する。……一定の手順を繰り返すのは苦手だが、先見の明に優れた人たちだ」

ディスカウントブローカー（証券会社）という業種を考案した資本家チャールズ・シュワッブと、音楽小売業界や航空業界に大改革をもたらしたヴァージングループのリチャード・ブランソンはいずれも、成功の秘密は自らの失読症にあったと述懐している。失読症のおかげで全体像を見ることができたのだという。詳細を分析することが苦手だったために、パターンの認識に熟達したのだ。

あらゆる種類の起業家を調査したマイケル・ガーバーも、似たような結論を出している。「優れた起業家は、みなシステム思考ができる。優れた起業家になりたいのなら、システム思考の身につけ方を学ばなければならない。……物事の全体像を見るための生来の情熱を伸ばすために」


学術研究と実地観察のいずれも「パターン認識」、すなわち各関係の関連性を理解することが、会社を興す気などない人にとっても、同じく重要であることを示している。

ダニエル・ゴールマンは、一五の大企業の経営幹部を対象に行なった調査について、次のように記している。

「一般人と卓越したリーダーとを分かつものは、一つの認知力でしかなかった。それは、パターン認識力だ。全体像をとらえて考えることで、周囲をとりまく多種多様の情報から意義のあるトレンドを選び出し、将来に向けての戦略的思考ができるのである」

彼によると、卓越したリーダーたちは、「『もし～ならば～だ』式の推論に頼ることが少なく」、調和力の特徴でもある直観的で文脈に依存した推論を重視するらしい。

仕事の環境が変化しつつある中、典型的な左脳労働者の中には、すでに自分自身について、また自分の仕事について見直しを始めた人もいる。

一つ例をあげよう。

自らを「ホリスティック弁護士」と呼ぶ、シアトルのステファニー・クウェインは、相談者の遺言、信託、家族の問題を、独立した問題としてではなく、全体的な事情を考慮し、相談者の抱える法律上の問題が、彼らの生活全体にどのように関係しているかを検討しながら処理しているという。

この資質を備えた人材を求める雇用主は、どんどん増えてきている。シドニー・ハーマンもその一人だ。八〇歳代の億万長者で、ステレオコンポ会社のCEOであるハーマンは、MBA取得者を雇うことにまったく値打ちを感じないのだという。その代わりに、と彼は言う。

「『詩人をマネージャーにしなさい』と言うんだ。詩人というのは独創的なシステム思考ができる人だからね。彼らは自分たちの住む世界を観察し、その意味を読み取る義務を感じている。それから、世界の動きを読者が理解できる言葉で表現する。意外なシステム思考者である詩人たちこそ、真のデジタル思考のできる人材なのだ。彼らの中から、明日の新たなビジネスリーダーが現れると、私は信じている」

●「全体像」をつかむ能力

全体像を見る力が役立つのは、ビジネスや仕事の世界に限ったことでは決してない。「調和《シンフォニー》」の一側面であるこの能力は、福祉や健康の面でも不可欠な能力になってきている。

たとえば、「統合医療」を求める声が高まっているが、これは、従来医療と代替医療や補完医療を組み合わせたものである。

「ホリスティック医療」というのもあるが、これは特定の疾患だけでなく、患者を全体的に治療することを目的としている。

このような動き――科学に根ざしてはいるが、科学にありがちな患部だけを治そうとする左脳的アプローチだけに頼っているのではない――は、国立衛生研究所に独自の部門が設けられるなど、医療の主流として認められるようになってきた。

そして従来医療の還元主義的、機械的なアプローチを超え、「身体・環境・心・感情・精神・社会の健康を含め、福祉のあらゆる様相を統合する方向へと向かっている。その結果、私たちだけではなく、この地球を癒すことにも役立っている」

とある医師会の支部長は語っている。

全体像を見る能力は、目覚ましい発展によって豊かになった現代、さまざまな精神的苦痛に対抗する手段として、最も重要なものではないだろうか。

私たちの多くは時間に追われ、情報に惑わされ、選択肢があまりにも多いために感覚が麻痺している。

このような現代病に対する最良の処方箋は、文脈や全体像の中で生活をとらえ、本当に重要な問題と、単に不快なこととを見極めることかもしれない。

最終章でも述べるが、人間のあらゆる可能性を踏まえた形で自らの人生を理解する能力が、生きる「意義」を追い求める上で必要不可欠なのではないだろうか。


絵画教室の最終日、私たちはクライマックスに達した。

昼食後、各自小さな鏡をテープで壁に貼りつけ、二〇センチほど離れたところにイスを置き、再び自画像制作に取り組んだのである。ボマイスラー先生が、鏡の中に潜む危険について警告する。

「鏡は、私たちが世界と向き合うために使うものです。心の中から自分の顔に対するすべての先入観を取り除き、形、光、関連性に意識を集中させましょう。今、この場所で、自分の顔がどうなっているのかを見る必要があるのです」

昼食の時、私は眼鏡からコンタクトレンズに換えた。これで眼鏡の影を書き込まなくてすむ。

最初に描いた自画像のことを考えると、できる限りの力を発揮したいと思う。

まず、目から始めた。真剣に目を見つめ、形を見て、白目の部分はどこまでで、目玉はどこから始まっているか、目と目の間隔は左右の目の幅ときっちり同じだと認識しながら描いていった。

だが、鼻にはてこずった。自分の顔の鼻を見るのではなく、鼻というものについて「考える」ことから抜け出せなかったせいもあるだろう。それで鼻は後回しにした。そして長い間、私の自画像の真ん中には大きなスペースが空き、腕がないミロのビーナスのように、鼻がないままになっていた。

口は、九回も書き直してやっと納得できた。頭にこびりついているイメージを消せないために、どうしても先のマギキストの広告の唇みたいになってしまったからだ。だが、頭の形は周囲のネガのスペースを消すだけで、簡単に描くことができた。

そして驚いたことに、スケッチブックに現れる顔が、その日その場所での私の顔に少し似始めてきたのだ。

途中で、様子を見に来た先生は、私の肩に手を置いて「素晴らしい」とささやいた。

私はその言葉に嘘はないとほとんど信じていた。

そして、鉛筆で仕上げのタッチを入れていると、かすかな恐れのようなものを感じた。

それはまるで、下敷になっている我が子を助けるために大きな車を（火事場のクソ力で）持ち上げた後で、いったいどうしてあんな力を出せたのだろうと不思議がる母親のような心境だった。

自分の顔の関係を見て、それらの関係を全体像へとまとめ、私は自画像を書き終えた。

これが私だ。

まとめ――「調和（シンフォニー）」に関する備忘録

◎「優れた交響曲」はいいぞ

当然のことながら、交響曲を聴くのは「調和力」を育てる優れた方法である。

専門家がすすめるクラシックを五曲紹介しよう（もちろん、レコーディングの違い、たとえば、指揮者や楽団が違うと表現方法や、解釈、そして音色も違ってくる）。

▼ベートーベン『交響曲第九番』――いつの時代でも、もっとも有名な交響曲の一つ。ベートーベンの「歓喜の歌」はいつも喜びを与えてくれる。私はこの曲を聞くたびに新しい印象を受けることに気づいた。

一つには、この曲を聴いているときのコンテクスト（背景）がいつも異なっていて、それが曲の意味を形作っていくからだろう。

▼モーツァルト『交響曲第三五番〈ハフナー〉』――最後の部分で、木管楽器がどのように導入されているかに注目してほしい。これによって、各パートの寄せ集めというレベルを超え、劇的な一つの楽曲として完成しているのである。

▼マーラー『交響曲第四番ト長調』――マーラーの狙いがインスピレーションであったかどうかは疑わしいが、この曲を聞くと、いつもインスピレーションを受ける。

▼チャイコフスキーの『祝典序曲（1812年）』――何度も聞いたことのある曲だろう。しかし、次回は、本物の教会の鐘と大砲の音を使ったレコーディングのものを選び、それぞれの要素がどのように溶け合っているかを注意深く聞いてほしい。

▼ハイドン『交響曲第九四番ト長調〈驚愕〉』――調和の能力を身につけるには、驚きを進んで受け入れる必要がある。この曲を聴くと、ハイドンが「驚き」を活かして音楽の幅を広げ、深めていることに驚嘆させられる。

◎「雑誌売り場」は勉強の場

「調和力」のエクササイズで気に入っているものの一つは、「雑誌売り場めぐり」だ。問題解決に行き詰まったら、あるいは単に頭をリフレッシュしたいと思ったら、できるだけ大きな雑誌売り場へ足を運んでみよう。

二〇分ほどかけてざっと見たら、これまでに読んだこともなければ、今後も買わないだろうと思う雑誌を一〇冊選ぶ。

キーポイントは、「これまで気にもとめなかった雑誌を買うこと」。

それから少し時間をかけて、それらの雑誌に目を通そう。全部の雑誌を端から端まですべて読む必要はないが、その雑誌のおおまかな内容や、読者がどのようなことを考えているのかはつかんでほしい。それから自分の仕事や生活との関連を探す。

たとえば、私がこの演習をやったときには、『ケーキのデコレーション』という雑誌の内容から、良い名刺の作り方を思いついたし、『ヘア・フォー・ユー』という雑誌の記事からは、ニューズレターに使える新しいアイデアを得た。

ただし、『トレーラー生活』とか、『ティーンのおしゃれ』とか、『離婚マガジン』などという雑誌を持って帰ってきたら、妻（夫）に不愉快な顔をされることもあるので注意すること。

◎「五筆描き」にチャレンジ

「調和力」を伸ばす素晴らしい方法の一つは、絵の描き方を学ぶことである。

自分自身の体験から学んだことだが、絵を描くことは、ものごとの関連性を把握し、それらを一つに統合して全体像を作り上げることである。

私はベティ・エドワーズの絵画アプローチがとても好きだ。それは、私にとってとても価値あるアプローチだとわかったからだ。

ブライアン・ボマイスラー先生は（他のエドワーズの教え子と合わせて）年に一二回、私が受講したような絵画教室を開いている。もし、時間が許せば、五日間のワークショップは十分に投資する価値がある。

時間の取れない人は、エドワーズとボマイスラー先生による『脳の右側で描け』というビデオも出ているし、エドワーズによる同タイトルの本も書店で手に入るので利用してほしい（詳細はwww.drawright.com を参照）。

根気はないけれど、好奇心はあるという人は、「五筆描き自画像」で遊んでみてはどうだろう。

これは、五つの線だけで自画像を描くという遊びだ。楽しいし、全体像をつかむエクササイズとしてもとても効果がある（詳細は www.the5line.com を参照）。

ちなみにこれが私の書いた「五筆描き」だ。

◎「いいたとえ話」は書き留めておく

MQ（比喩指数）を向上させるために、説得力のある、びっくりするような比喩を見つけたら、それを記録しておこう。

一週間続けると、このエクササイズの効果がわかるだろう。

小さなノートを常に持ち歩き、新聞のコラムで「世論調査が我々の指導者の心を『植民地化』した」という表現を見つけたり、友人が「根っこをなくした気がするよ（非常に疲れたの意）」と言ったりしたら、それを書き留めておくのだ。きっと驚くはずだ。

私がこの前、記録を取ったときには、あまりにも多くの比喩を見つけたので、世の中がいちだんと豊かで生き生きとしたものに感じられた。

また、このエクササイズによって、文章を書いたり考えたりするとき、あるいは生活のさまざまな場面で比喩を作り出すインスピレーションを得られるだろう。

◎「インスピレーション・ボード」を持つ

何かのプロジェクトに取り組むときには、掲示板からすべてのものを取り除き、それを「インスピレーション・ボード」にしよう。

何か心に訴えてくるものを見つけたら、それをボードに貼りつけていく。写真、布きれ、雑誌の切り抜きなど何でもいい。

しばらくすると、それらのイメージには関連性があることに気づくだろう。それがあなたの仕事を活性化し、広げてくれる。

ファンション・デザイナーは、昔からこのようなボードを使って、大胆なコラージュを作り、イメージを広げ発想を得るのに用いていた。あなたも同じようにやってみるといい。

◎「素人の強み」を活かす

できないことをやらせたら、私は最高だ。

苦手なことをやらなければならなくなった時でも、強気で自信を持っていられるのは私の才能だと思っている。

間違いを犯すことがわかっていても、自由に動き、心が語りかける声を聞き、学び、行動することができるのだ。

クリエイティブな生活を送りたいのなら、自分のできないことをあえてしてみて、間違いを犯せるということは何とすばらしいのかを体感してほしい。

◎「空白のスペース」を探す

「ネガのスペース」とは全体像の中で、私たちが見落としがちな部分である。だから、それが見えるように、目のトレーニングをするのだ。

散歩したり、店を見て回ったり、あるいは雑誌をパラパラとめくったりする時には、目立つものはさっと飛ばし、それらの間や後ろ、周囲にあるものを注意深く見るようにする。

ネガのスペースに注意するようになると、周囲のものの見方が変わってくる。

そうすることでポジティブ・スペースに焦点が合うようになるのだ。

これも驚くような経験になるだろう。

たとえば、ハーシーズの「キス・チョコ」のパッケージを見てみよう。なんと、意表をつく奇抜なネガのスペースが隠されているのだが、あなたは気がついただろうか？（注・答えは239ページ）

これはマルセル・ワンダーズによる作品。デザイナーであるワンダーズは、自らを「職業的アマチュア」と呼んでいる（詳細は www.marcelwanders.com 参照）。

●バランス感覚を高める5冊の本

▼『Beethoven's Anvil: Music in Mind and Culture』（ウィリアム・ベンゾン著）――脳が音楽をどのように処理しているかを調べた優れた本。特に、音楽が脳のすべての部分に対して、全体思考的・交響的に訴えかけてくる様子が説明されている。

▼『Powers of ten――宇宙・人間・素粒子をめぐる大きさの旅』（フィリップ&フィリス・モリソンおよびチャールズ&レイ・イームズ事務所共編著、日経サイエンス）――有名な夫妻による全七六（日本語版は一七二ページ）ページのフリップ・ブック（ぱらぱらとページを送ると絵が動いて見えるしかけの本）。

一ページに一枚の絵があり、それぞれの絵は前ページの絵よりも一〇倍近づいて見えるように描かれている。一〇〇万光年の彼方にある地球の絵で始まり、ページをめくっていくと、やがてシカゴの湖畔でピクニックをする男性に焦点が合う。そしてそのまま男性の皮膚の中へ入り込み、細胞、DNAへと進み、最後は一つの素粒子に到達する。

▼『レトリックと人生』（ジョージ・レイコフ、マーク・ジョンソン著、大修館書店）――短くわかりやすい本で、思考プロセスとしての比喩を考えるには最適だ。

▼『No Waste』（Laboratorio De Creacion Maldeojo プロジェクト）――カフェテリアの廃棄された

金属トレーから作ったテレビアンテナ。使用済みのシャンプーやインクや糊のプラスチック容器から作ったおもちゃの車。

本書は、キューバの町かどで見かけた独創的な再利用品の数々を収めた、素晴らしい写真集である。アンテナやおもちゃの車はほんの一例だ。ハッとさせられるような組み合わせ思考の実例である。

▼『How to See――A Guide to Reading Our Man-made Environment』（ジョージ・ネルソン著）――一九七〇年代半ばに初版が出され、二〇〇三年に再発行された。

私たちをとりまく世界を批判的な目で見つめ、眼に見えるもの同士を関連づけ、人間の創造をより広い文脈で考えるための優れた指南書である。

（注・237ページ「キス・チョコ」のパッケージのネガのスペースとは、「KISSES」の「K」と「I」の間に「キス・チョコ」の形が隠されていることである。）

4 「論理」ではなく「共感」

●まずは1分間、この話を読んでください

昨日はハードな一日だった。

朝起きてから、ノンストップで仕事をした。いくつかの締め切りに間に合わせるために懸命に頑張り、予想外の仕事からは必死に逃れた。そして、鼻を垂らした七歳の子と、歯の抜けた五歳の子、そして陶器をカウンターの端から向こうへ落とすとどうなるか自ら試して「因果関係」を学習中の一歳半の幼児、三人を相手に格闘した。

午後には八キロ走った。あわただしく夕食を済ませた後、オフィスに戻り、疲れて集中力が

なくなるまで、数時間仕事をした。そして、一〇時ごろには、疲れ果ててベッドにもぐりこんだ。だが、眠れない。少し本を読み、また眠ろうとしたが、やはりダメだ。夜中の一時ごろ、階下に行ってワインを一杯注ぎ、前日の新聞を読んだ。それからワインをもう一杯。また別の新聞を読む。二時一五分、部屋にもどってもう一度眠ろうとした。ようやく眠りに落ちたのは、三時六分過ぎだった。それが、記憶しているベッド脇のラジオ時計の最後の数字だ。

それから三時間ほどすると、一歳半の子がベビーベッドの中で立ち上がり、毎朝恒例の「ミルクちょうだいの歌」を叫び始めた。七時になると、家中が騒然となる。そして八時、私はオフィスに戻り、今この場所に座って、また新たな締め切りに追われている。

疲れた。本当に、疲れた。実際、今もあくびをしたばかりだ。そして、今日一日のことを考えると、またあくびが出る。コーヒーを三杯がぶ飲みしたというのに、たった三〇秒で眠れそうだ。だが、眠っている場合じゃない。やるべきことはたくさんあるのだ。だから私は頑張り続ける――そしてまた、あくびをする。

ちょっと待って。あなたはこの一分間にあくびをしただろうか？

私の「眠かった」という話を読み、あくびをする私の姿を思い描いたら、アゴのあたりになんとなくあくびをしたいような感触がしてこなかっただろうか？

そんな気がした、という人は、この章で説明する次の大切な資質、「共感」が、生まれつき備わっている人なのだろう（そうでない人には、この生来の能力を引き出すために、私が「働きすぎだ、不眠だ」とぼやいている話なんかより、もっと感情に訴えかけてくる物語が必要なのかもしれない）。

「共感」とは、相手の状況に自分を置き換えて考えられる能力であり、その人の気持ちを直感的に感じ取れる能力である。また、誰かの立場に立ち、その人の視点で考え、その人が感じるように物事を感じることのできる能力でもある。これは、ほとんど無意識のうちに行なっていることであり、よく考えた上での行動というよりは、本能的なものなのだ。

しかし、「共感」と「同情」は違う。同情とは他人を気の毒に思うことだ。だが、共感とは、他人と「ともに」感じ、その人だったらどんな気持ちがするだろうかと感じ取ることである。共感は、想像力によりもたらされる大胆で驚くべき行動であり、究極のバーチャル・リアリティなのだ。他人の心に入り込み、その人の視点で世界を体験するのだから。

また、共感は他者と同調する必要があるので、模倣の要素を伴うことが多い。これが、さきほど私の話を読んでいて、あくびが出てしまった人がいる理由だ。

ドレクセル大学の認知神経科学者スティーブン・プラテックは、あくびが「伝染」するのは、「原始的な共感のメカニズムによる」と言う。

彼の研究結果によると、あくびが伝染しやすい人は、共感度を測る各種のテストで高い点を取るという。このような人々——読者の中にもおられるはず——は、他人が経験することにあまりにも波長が合ってしまうために、思わずその行動をまねしてしまうのだ。

共感は非常に重要なものだ。共感する能力のおかげで、人間は混沌とした進化の過程から抜け出すことができたのだ。そして直立し、二足歩行するようになった人類——動物の中で一番の花形スターだ——は、共感力のおかげで今も生存していけるのである。

私たちは共感することで、議論の別の側面を見ることも、ふさぎこんでいる人を慰めることも、悪口を言いたいところをぐっと我慢することもできる。また、共感によって、自己が形成され、親子の絆が築かれ、力を合わせて働くことができ、また道徳の基盤が作られる。

だが、他の「ハイ・コンセプト」「ハイ・タッチ」な資質と同様、共感も「情報化の時代」には必ずしも適切な評価を得ていたとは言えない。一人ひとりがかたくなに孤立することが求められた時代にあっては、共感は繊細な優しさの表れ程度に考えられていた。

議論を避けるために、あるいは、こういう概念自体を拒絶するために、「タッチー・フィーリー（体に触れたりして大げさであること）な感情表現」と呼ばざるを得なかった。

また、前アメリカ大統領のビル・クリントンが、「私はあなたがたの痛みを感じる」という発言した時、どれほど叩かれたかを思い出してほしい。

批評家の中には、「クリントンは偽りの芝居をしている」と言う者さえいた。だが、もっとも強烈な批評は、「この言葉はあきれるほど大統領にはふさわしくない。女々しい子どものようでさえある」というものだった。「考えてもらう」ために大統領を選んだのであって、「感じてもらう」ためではない。大統領は「戦略を練る人」であって、「共感する人」ではない。これまでもずっとそうだった、というのである。

鋭い頭脳を持ったナレッジ・ワーカーと、活気があり効率よく仕事をこなすハイテク企業が席巻した時代には、「感情」と距離を置いた「冷静な判断力」が尊重されたのだ。一歩離れて状況を判断し、感情に流されずに意思決定を下す能力が重要とされたのである。

だが、「左脳型思考」の資質の多くがそうであったように、私たちはこういった一つのことだけを目指すアプローチに限界を感じ始めている。

ダニエル・ゴールマンの著書『EQ　こころの知能指数』(講談社)は、クリントンが先の共感的発言をしたのと同時期に出版されているが、この本の中に変化の徴候が示されている。ゴールマンは、従来のような「知的能力」よりも「情緒的能力」のほうが重要なのだ、という持論を展開し、世界に受け入れられたのである。

それから一〇年が過ぎ、「コンセプトの時代」のリスクはいっそう高まってきた。ゴールマンがこの本を著した当時、インターネットはまだ草創期にあり、第1部2章で紹介した高い技術を持つインド人プログラマーたちはまだ小学生だった。

今日、オンライン・アクセスは安価で広範囲に及んでおり、海外のナレッジ・ワーカーたちの存在も合わせると、ＩＱテストで測れるような資質など、簡単に取って変わられるようになった。つまり、これまでに述べてきたように、置き換えの難しい資質こそ価値があるということだ。中でも、コンピュータにはマネすることができず、遠くにいる人が電子コミュニケーションで行なうことはできないとはっきりしている資質が一つある。

それが「共感」である。

●エクマン博士の大実験

『種の起源』（岩波書店他）を発表してから一三年後の一八七二年、チャールズ・ダーウィンは、ビクトリア朝社会を批判する別の著書を出版した。

『人間及び動物の表情』（改造社）というタイトルのその本は物議をかもした。

中でも注目すべきは、ダーウィンが、「すべての哺乳類には感情があり、それを伝達する手段の一つが表情である」と述べていることだ。しかめ面の人がたいてい不愉快な気持ちであるのと同様に、沈んだ表情の犬はたぶん悲しいのだろう、というのだ。この本は、発売と同時に世間を揺り動かした。だが、この問題は、その後一〇〇年ほどはあいまいなまま棚上げにされ

リーダーシップとは共感するということだ。人々の人生にインスピレーションと力を与えるために、人と結びつきを持ち、心を通わせる力を持つことなのだ。

——オプラ・ウィンフリー——

ていた。心理学や科学の世界では、人間は表情で感情を表すが、それは自然というよりも、文化によって生じるものだと考えられていた。

だが、一九六五年、ポール・エクマン——当時はまだ若い心理学者だったが、現在では伝説的な人物である——が登場した。

アメリカ人のエクマンは、日本やアルゼンチン、ブラジル、チリなどに滞在したことがある。彼は、いろいろな表情の写真を人々に見せて調査し、アジアや南アメリカの人もアメリカ人と〝同じように表情を読み取る〟ことを発見した。

エクマンは興味をそそられた。このように解釈に変わりがないのは、テレビや西洋文化の影響によるものかもしれない、と考えたのだ。そこで、ニューギニア高地まで足を運び、アジアや南アメリカで使ったものと同じ写真を人々に見せた。調査対象は、テレビはおろか、西欧人さえ見たことのなかった部族の人たちである。すると彼らは、それまでに調査した人たちとまったく同じように表情を読み取った。

こうしてエクマンは、画期的な結論に達した。結局、ダーウィンは正しかったのである。表情は普遍的なものなのだ。マンハッタンのミッドタウンでも、ブエノスアイレス郊外でも、ニューギニア高地でも、眉を上げた表情は驚きを表わしていると解釈されるのである。

エクマンは、キャリアの大半を表情の研究に捧げた。第1部1章で説明した、私が脳のスキャンを受ける際に見せられた写真のセットも、彼が開発したものである。エクマンの研究は、私たちの目的にとってたいへん重要なものである。

共感とは、おもに感情にかかわる働き、つまり、相手が感じていることを感じる能力である。だが、感情は普通、左脳的方法によって表われるものではない。

「人は感情を言葉で表すことはめったにない。他の手段で表す場合のほうがはるかに多い。理性的な精神の表出は言葉であるが、感情の表出は言葉によらない」

と、ゴールマンは述べている。

そして、その感情を表すための主要なキャンバスが、顔なのだ。四三の小さな筋肉を伸縮させ、口、目、頬、眉、額などを動かすことで、あらゆる感情を顔で伝えることができる。

共感は感情に基づくものであり、感情は言葉以外の手段で表され、相手の心に伝わっていく。だから、まずは顔をよく見ることから始める必要がある。

第1部1章で述べたように、表情の読み取りは、右脳半球が得意とする能力である。極端な表情を見た場合、恐ろしい場面を見せられたときと違って、左脳よりも右脳のほうが活発に反応していることをfMRIの画像は示している。

「自分が感情を表わすときも、他人の感情を読み取るときも、おもに右脳が働く」

と、ジョージ・ワシントン大学の神経学者リチャード・レスタックは言う。

また、サセックス大学の調査によると、右利きか左利きかにかかわらず、大多数の女性が赤ん坊を体の左側であやすのはこのためだという。赤ん坊は話すことができないため、子どもの欲求を理解してやれる唯一の方法は、表情を見て、直感的に感情を理解してやることなのだ。だから、右脳——左を向くと活動する——に頼るのである（各脳半球が体の反対側半身の動きをコントロールするという対側性については第1部1章を参照）。

右脳に損傷がある人は、他人の表情から感情を読み取ることがうまくできない（同じことは、自閉症患者にも見られる。自閉症は時として、右脳半球の機能不全を引き起こすことがあるからだ）。

対照的に、左脳——たいていの人はこちら側で言語を処理する——に損傷のある人は、損傷のない人よりも上手に表情を読み取ることができる。

例をあげると、エクマンと、ボストンにあるマサチューセッツ総合病院の心理学者であるナンシー・エトコフの研究から、私たちの大半は、相手の嘘を見抜くのが驚くほど下手だ、ということがわかった。相手の表情や声の調子から、その人が嘘をついているかどうかを判断しようとしても、あてずっぽうに答えるのと同じ程度でしか見破ることができないのだ。

だが、左脳半球に損傷があり、言語の理解や発話の能力が劣る「失語症」の患者は、とても上手に嘘を見抜くことができる。

エトコフは、失語症患者は、相手の表情から七〇％以上の確率で嘘を見破ることを突き止めた。それは、言語というコミュニケーション手段の一つに頼ることができないために、より表現力豊かな手段で相手を理解する能力が研ぎ澄まされたからである。

「コンセプトの時代」には、とらえどころがないが、より表現力豊かなこの伝達方法が重要になる。

コンピュータに感情を理解する能力を搭載することは長年の夢ではあるが、「感情的情報処理」の第一人者でさえ、いまのところまだたいした成果をあげていない。コンピュータは、いまだに二人の人物の顔を見分けることさえおぼつかないのだから、微妙な表情を読み取るなど、当然無理なのだ。

MITのロザリンド・ピカードは、コンピュータは「非常に高い計算能力を持っている」が、「人間とかかわるとなると、自閉症患者のようになってしまう」と言う。

今日、音声認識ソフトは、人の言葉を理解できるようになり、コンピュータに向かって「保存」や「削除」を音声で命令したり、航空会社の自動チェックイン機で「通路側」「窓側」と指定したりできるようになった。だが、世界一精巧なソフトウェアを世界一高性能のコンピュータで実行しても、人間の感情を推測することはできないのである。

最新のアプリケーションの中には、感情の「存在」を見分けられるものが出てきている。たとえば、コールセンターなどで使用されているある種の音声認識ソフトは、声の抑揚、間、そして大きさなど、感情の高まりを示すシグナルの大きな変化を認識できる。だが、ソフトウェアがこのようなシグナルを読み取ったところで、どうなるというのか？　結局は、電話を生身の人間につなぐだけなのだ。

これは「コンセプトの時代」における仕事の縮図のような例だ。

一連の規則に置き換えられるような作業には、それがソフトウェアプログラムに組み込まれる数行のものであろうと、海外の低賃金労働者の手にゆだねられるものであろうと、「共感」が必要とされることはほとんどない。

アメリカやカナダ、イギリスなどの国々からは、このような仕事の大半が姿を消してしまうだろう。だが、人間関係の機微をこれまで以上に深く理解することが求められる仕事は今後も残る。だから、スタンフォード・ビジネススクールの学生たちが、正式名称「対人関係のダイナミクス」、学生たちの間では「体に触れたりする大げさな表現」と呼ばれているコースに群がっているのも当然のことなのだ。

あるいは、一般に「感情読み取り能力」とは無関係だと思われている分野、法律関連の仕事はどうだろう。今では基本的な法務調査のほとんどは、アメリカ国外の英語を話せる弁護士が行なっている。同様に、第1部3章で説明したようなソフトウェアやウェブサイトの出現によって、以前は弁護士たちが独占していた情報に一般人もアクセスできるようになってきた。

では、今後はどのような弁護士が生き残れるのだろうか。クライアントと共感し、彼らが本当に必要としているものを理解できる人。そして交渉の席につき、明快な言葉で交わされる議論を聞きながら、その背後を流れる言外の意味を理解することができる人である。また、陪審員を見てその表情を読み、彼らが納得するような主張ができているかどうかをただちに見抜くことができる弁護士だ。

このような共感する能力は、これまでも弁護士にとって重要な資質だった。だが、今では、「共感力」が弁護士だけでなく、他の職業においても差別化のキーポイントになっているのだ。だが、「共感」は、二一世紀の労働市場で生き残るために必要な職務上のスキルという以上のものだ。それは生きるための倫理だ。他人を理解するための手段であり、ダーウィンやエクマンの研究からもわかるように、国や文化を超えて、人々を結びつける普遍的な言語なのである。共感できるからこそ、人間でありえるのだ。共感は喜びをもたらす。そして、第2部6章で説明するが、共感は意義深い生活を送るために必要不可欠なものなのである。

●「いつわりの笑顔」と「心の奥底からの笑顔」

たいていの人は「共感力」を高めることができる。そして、ほぼすべての人が表情を読み取る能力を伸ばせる。


論理や哲学や理性的説明にばかりよりかかっている人は、精神のもっとも優れた部分を餓死させることになるだろう。

――ウィリアム・バトラー・イェイツ

エクマンは何年もかけて、「表情地図」を作り上げた。人間は世界中どこへ行っても、表情によって感情を伝えているらしい。そして、エクマンは七つの基本的な感情――怒り、悲しみ、恐れ、驚き、嫌悪、軽蔑、喜び――には、それぞれはっきりとしたシグナルがあることに気づいた。これらの表情は十分にはっきりと表れることもあるが、多くの場合は、さほどはっきりとはわからない。エクマンは、このような表情を「かすかな表情」と呼んでいるが、これらは感情の兆しであったり、あるいは感情を隠そうとして失敗したものであったりする。

「部分的表情」もあるし、「微細表情」というのもある。

「微細表情」とは、五分の一秒以下しか顔に表れない表情のことで、多くの場合、「人が意識的に自分の気持ちを示す表情のサインを隠そうとしている」時に見られる。

エクマンは、ＦＢＩやＣＩＡ、ＡＴＦなどの情報機関をはじめ、警察官や判事、弁護士、さらには、イラストレーターやアニメーターにまで、「表情読み取り術」を教えている。では、みなさんにもエクマンのテクニックの一つを紹介しよう（章末の「まとめ」でくわしく説明する）。

私はいつも、愛想笑いというものにイライラさせられてきた。相手がこちらのウィットをおもしろがって笑っているのか、それともまさに「おもしろくないから」笑っているのかがわからなかった。だが、今はわかる。

心から楽しんでいるときの笑顔を、エクマンは「デュシェンヌ型笑顔」と呼ぶ。フランスの

神経科学者、デュシェンヌ・ブローニュの名をとったものだ。

彼は一八〇〇年代後半に、この分野の草分け的研究を行なった。本物の笑顔の場合、二つの顔面筋肉が動く。大頬骨筋（頬骨から始まる筋肉で口角を持ち上げる筋肉）と眼窩《がんか》筋（「眉と眉下の皮膚を引き下げ、目の下の筋肉を引き上げて頬を上げる筋肉」）の二つである。

うわべだけの笑顔の場合には大頬骨筋しか動かない。人は筋肉をコントロールできても、周辺の眼窩筋はコントロールできないからだ。後者は無意識のうちに収縮し、実際に楽しい思いをしたときにしか動かない。

デュシェンヌ自身、次のように語っている。

「率直な喜びは、大頬骨筋と眼窩筋の収縮により、顔に表われる。大頬骨筋は当人の意思に従うが、眼窩筋は心が楽しい感情で満たされたときのみ動く」

すなわち、愛想笑いを見破るには眼を見ればいいのだ。もし、眼窩筋が収縮していなければ、目の前で微笑みかけている相手はいつわりの友である。

例を見てみよう。

前ページは、どちらも私の笑顔の写真だ。

いつわりの笑顔と、妻のジョークを聞いて本当に笑っている顔とを見分けられるだろうか？簡単ではないが、眼のあたりをよく見ればわかるはずだ。

実は左が心から笑っている写真である。

眉が少し下がり、目の下の皮膚が少し持ち上がり、目も少し細くなっている。眼以外の部分を隠してみると、はっきりわかる。

「デュシェンヌ型笑顔」、すなわち本当の喜びを表す笑顔を意識的に作ることはできないのだ。同様に、「共感する力」を高めることはできるが、見せかけの「共感」を示すことはできないのである。

●患者の生死を分けた担当医の「話を聞く力」

「共感」は、それだけで独立した資質ではない。

すでに説明した三つの「ハイ・コンセプト」「ハイ・タッチ」な資質と結びついている。

たとえば、「共感」は「デザイン」の主要部分である。優れたデザイナーは、自分がデザインする製品や、サービスを使う人の立場に立って考えるからだ（章末の「まとめ」にデザイン会社から得たアイデアがあるのも当然といえる）。

「共感」は「調和《シンフォニー》」とも関連がある。他者と共感できる人は、文脈（背景状況）の重要性を理解しているからだ。調和力のある人が全体像をとらえて考えるのと同じように、共感力のある人は相手の全体像を見ている。そして最後に、「物語」の能力の中にも「共感」は含まれる。「物語医療」の節で述べたように、特に医師にとって、物語は共感するための手段になり得るのだ。だが、「共感」はもっと直接的な形で医療を改革してもいる。

医療界の数名のリーダーたちは、医師の仕事には「『共感』から距離を置くのではなく、積極的にかかわっていこうとする」アプローチこそもっとも重要である、と主張している。

これは生命倫理学者ジョディ・ハルパーンの言葉だ。彼らは、「科学分野に孤立して存在する基準は不適切だ」という。不十分だというのだ。

本書でも述べたように、医療の仕事の多くが標準化されている。つまり、さまざまな病気の診断や治療に繰り返し使える、決まった手順の集まりになっているのだ。このような医療の形を「料理本《レセピー》医療」と呼んで非難する医師もいるが、この手法には長所もたくさんある。規則に基づく医療は何百、時には何千という症例が積み上げられたものだからだ。そのおかげで、医療の専門家たちは、患者ごとに新たな治療方法をひねり出さなくてもすむ。

しかし、実際には、このような仕事の一部はコンピュータでもできるのである。コンピュータにできないこと――人間関係になるとコンピュータは「手も足も出ない」のを覚えておられるだろうか――とは、人と共感することなのだ。

医療分野では「共感」は強い力になる。

たとえば数年前、二人の郵便局員が似たような症状を訴えて、別々の医療機関に行った。

一人は医師に、痛みがあって気分が悪い、たぶん炭疽菌《たんそきん》に感染したのだと思う、と話した。彼が働く郵便施設で炭疽菌が発見されていたのだ。その医師は管轄の保健衛生局に連絡したが、炭疽菌は危険なものではないので抗生物質を処方する必要はないと教えられた。そして、規則に従い、「家に帰ってタイレノール（鎮痛解熱薬）を飲んで休むように」と患者に指示した。

数日後、その患者は炭疽で死亡した。

一方、もう一人の郵便局員は、六キロ離れた別の病院の緊急救命室に駆け込んだ。医師――彼女は前述の患者のことは知らない――は、この郵便局員を診察し、肺炎ではないかと疑った。しかし、患者が炭疽菌攻撃を受けた郵便局で働いていると告げたので、医師は別の検査をすることにした。患者が炭疽菌に感染しているとは思ってはいなかったが、何かがひっかかっていたのだ。そこで念のため、シプロキサンという炭疽菌用の抗生物質を処方した。そして、患者を家に帰す代わりに入院処置を取り、伝染病専門医に診てもらった。その結果、男性が炭疽菌に感染していることがわかったのである。

結果として、医師が親身に患者の話を聞き、直観を信じ、規則から外れるのをいとわなかったことが、患者の生死を分けたのだ。

『ウォールストリートジャーナル』紙のインタビューに、この医師は、「私は患者さんの話に耳を傾けただけです」と答えている。

「患者さんは『自分の体のことはよくわかっているけど、何かが変なんだ』と言っていました」

共感――この医師の他人の気持ちを直観的に感じ取る力――が、患者の命を救ったのだ。

「医師は、患者の気持ちに対して的確な応答をするだけではなく、タイミングや声の調子、間合い、患者の感情表現スタイルに完全に合わせることによっても、共感を示すことができる」

とハルパーンは言う。

「共感によって、正確な診断を下すための、事実に基づく知識や使用する技術、そして各種ツールを補完することができる」

医療行為に対するこの新しい考え方が支持を得るに従い、「共感」は医療従事職員にとって必要な中心的資質となってきている。先ほどの緊急救命医のように、規則に従った診断だけではなく感情面に根ざした共感とを合わせて新しい全体医療を実践できる新世代の医師たちが、これからは医療界を担っていくことになるだろう。

現在、医学部の認可を管轄している委員会では、「患者と共感しながら効率的にコミュニケーションできる能力」を実習中の医師の全体的評価ポイントの一つにしている。常識的な動きだと思われるかもしれないし、実際そうなのだが、極めて左脳寄りの職業である医療従事者にとっては、それは大きな転換なのである。

また、舞台女優のミーガン・コールは、全米各地の医学部をまわり、「共感の技術」と題する授業を行なっている。このクラスで彼女は、患者の悩みをうまくつかみ、気遣いをより上手に伝えるために、表情や抑揚、ボディランゲージといった、言葉以外でコミュニケーションする方法やさまざまな演技のテクニックを実習中の医師たちに教えている。

ヴァンダービルト大学医学部では、コミュニケーションの授業を通じて、間違ったときの謝り方を学ぶという。

また、第1部3章でも紹介したフィラデルフィアのジェファーソン医科大学では、患者と共感する能力を測定するための基準、ＪＳＰＥ（ジェファーソン式医師共感力測定基準）まで開発した。比較的最近開発されたものにもかかわらず、ＪＳＰＥからは興味深い結果が見られる。たとえば、「共感力テスト」で高スコアを取る学生は、一般的に診療行為の実技においても良い成績を修める。つまり、他の能力が同じならば、共感力のある医師に診てもらうほうが、共感力のない医師に診察されるよりも治癒の可能性が高い、ということになる。

さらに、共感力テストのスコアは、ＭＣＡＴ（医学大学院進学適性試験）や医師免許試験の成績とは無関係であることがわかった。つまり、従来の医師の能力診断基準では、必ずしも良い医師を選べるわけではないのだ。

また、ＪＳＰＥで高いスコアをとった医師とそうでない医師との違いも、とても興味深い。一般に、女性のほうが男性よりも点数が高いのである。また、ある種の医療従事者のほうが他の医療関連職に比べてスコアが高い。たとえば、一般的に、看護師は高スコア――病院勤務の医師よりもはるかに高いスコア――を取る傾向にある。

病気の治療における「共感」が果たす役割への認識が高まってきている。

看護師が、「コンセプトの時代」の重要職業の一つになるという理由がこれだ。もちろん、看護師の仕事は単に共感することだけではない。しかし、情緒面を素早く理解しケアするという彼らの仕事は、外注やオートメーションできることではない。

本能を信じて。それは釣りざおを握ったとき（魚がかかったかどうかわかるとき）のあのフィーリングだ。

――ポール・サイモン

インドのバンガロールにいる放射線技師でもX線写真を読むことはできる。だが、光ファイバーでは、共感――体に触れ、つき添い、慰めを与えること――を伝えることはできない。

また、先進国で高齢化が進む中、看護師の需要はどんどん高まっている。アメリカでは今後一〇年間、看護師の求人が他のどの職種よりも大きな割合を占めるようになる。アメリカ国内の医療機関では、さらに一〇〇万人の看護師が必要になるという。

看護師たちは、過酷な労働条件や一人で数多くの患者を担当しなければならないなど、多くの不満を抱えている。だが、彼らの共感力は、常に人々の尊敬を集め、結果、給与も徐々に増えてきている。毎年行なわれるギャラップの統計調査によると、アメリカでは看護師は常に最も公正で倫理的な職業であるとみなされている。そして看護師の給与水準は、他のほとんどの職種をしのぐペースで上昇しているのだ。

共感力を重視する動きは、親から子へのアドバイスにも影響を及ぼしている。

最近、オーストラリアの情報技術会社のマネージャーたちに行なった調査によると、九〇％が「自分の子どもには、ソフトウェア・エンジニアリング（ＳＥ）という左脳思考寄りの職業にはついてほしくない」と答えたという。では、親たちは代わりにどんな職業を勧めたいのか？

「子どもが看護師を目指してくれたら嬉しいですね」

とシドニーの電気通信会社に勤めるジェームス・マイケルズは言う。

「国内でも海外でも、世界中で需要のある仕事ですから」

●「コンセプトの時代」には、〝中性的な思考〟が不可欠

男性と女性、どちらがより、共感力が強いだろうか。差別的でない答えをすれば、男女差はない。共感は個人的な資質だからだ。大まかに言って、これは正しい。だが、各種の調査が行なわれた結果、この「公正な」見方は正しくないことがわかってきた。

例をあげると、いくつもの調査結果が、表情の読み取りと嘘を見破る能力については、一般に女性のほうが優れていることを示している。わずか三歳でも、女の子のほうが相手の気持ちを察し、表情から感情を推測する能力に優れているのだ。

心理学者デビッド・G・マイヤーは、この調査結果について次のようにまとめている。

――調査してみると、自分のことを「人と共感できる人間だ」と考え、「相手が喜んでいるときは自分も喜び、泣いているときは自分も泣く」と言う人は、女性のほうがはるかに多かった。それよりも程度は低いが、共感に関する性別間の違いは行動面にも表われている。

誰かが悲しんでいるとき、自分も泣いたり、悲しいと訴えたりする人は、女性のほうが多い。

男性も女性も、女性との友情のほうが男性との場合よりも深く、喜びや慈しみが得られると述べている。この点を説明する理由として、共感における性差をあげることができるだろう。男も女も、共感や理解を求めるときは、たいてい女性を選ぶのである——。

ケンブリッジ大学の心理学者、サイモン・バロン＝コーエンは、この明らかな性差による違いを説明する理論を展開している。二〇〇三年に出版された著書『共感する女脳、システム化する男脳』（NHK出版）の中で、彼はわかりやすく説明している。「女性の脳はもともと共感力に優れている。一方、男性の脳は、主として理解力とシステム構築力に優れている」。だが、バロン＝コーエンは、すべての女性が「女脳」を、すべての男性が「男脳」を持っているわけではないと指摘している。そして、「システム化された脳を持つ人は男性に多く、共感できる脳を持つ人は女性に多い」とする主張の核心を支える証拠を数多く示している。

バロン＝コーエンが説明する、二つの思考スタイルにおける相違はとても興味深い。「システム化には、正確さと詳細にまで細かく注意をはらうこと」、そして状況とは無関係の決められたルールに関心を向けることを伴う。「システム化するには、孤立しなければならないのだ」と言う（バロンは自閉症を「極度の」男脳の例として説明している）。

だが、共感は違う。「共感するためには、物ではなく、感情を持ち、こちらの心にも影響を及ぼす人間とかかわりあっているのだと認識できるよう、それなりの愛着を持つことが必要」

なのだ。彼は言う。「共感とは不確かなもので（他人の精神状態を確かめようとしても、おおよそのところしかわからず）、全体像に注目し（たとえば、人がこう考え、あるいは感じているだろうと、あなた自身が考えること）、状況に依存していて（顔、声、動き、経歴はすべて、その人の精神状態を判断する上で欠かせない情報である）、正当性などまるで期待できない（昨日彼女を喜ばせたことで、明日も喜ばすことができるとは限らない）ものだ」

これらの説明をもう一度読み返してみよう。

「男脳」というのは少し「左脳主導思考」に似ている。そして、「女脳」は「右脳主導思考」のハイ・コンセプト、ハイ・タッチなアプローチにとてもよく似ている（また、二つの思考スタイルは、前述の炭疽患者を診察した二人の医師のアプローチの違いにも通じるところがある。偶然かもしれないが、一人は男性で、一人は女性だった）。このことから、私たちは皆——特に毛深い腕と太い声の男性は——脳の女性的な部分に働きかけるようにする必要がある、と言えるのではないだろうか。確かにそうだ。でも、系統化された左脳を拒絶するわけではない。

共感とは、知性からの逸脱でも、知性への唯一の手段でもない。人は多くの場合、他人と調和する必要があるが、時には孤立することも必要だ。これからはこの二つを切り替えられる人が成功するのだ。何度も述べてきたことだが、「コンセプトの時代」には中性的な思考が必要なのである。

人間に与えられた素晴らしい贈り物、それは共感する力を持っているということよ
——女優、メリル・ストリープ

まとめ――「共感」に関する備忘録

◎自分自身を「テスト」

心理学者たちは、個人の共感力や関連する資質を測定するためのテストを、数多く開発してきた。これらのテストの多くは、ウェブサイトから無料で入手できる。それらは、自分自身をよりよく知るための楽しい方法であるとともに、このテーマへの導入部としても優れたものである。だが、テストを試してみようという方に、一つ忠告がある。ウェブ上には自己評価のツールがあふれているが、骨相学程度の科学的妥当性しかないものが多いのだ。だからまずは項末に紹介したウェブサイトのものから始めてみるといいだろう。

◎「エクマン博士の本」をひらく

本章で述べた通り、表情研究の第一人者はポール・エクマンである。とにかく、彼の研究について自分で調べてみてほしい。エクマンの最新の著書『Emotions Revealed』を読んでみよう。これは表情科学の優れた概論である。また、人の顔に表われる感情を読み取るテクニックを学べる第一級のガイドブックでもある。エクマンの娘イブが、この本に掲載されている表情写真のモデルの多くを務めているが、彼女にはまさにぴったりの表情を出せる並み外れた能力が備わっている。

この本が気に入ったら、エクマンの以前の著書、『暴かれる嘘――虚偽を見破る対人学』なども読んでみるといい。この本では、特に嘘を見破るための方法が説明されている。

そして、エクマン研究の総仕上げとして、インタラクティブ形式のCD-ROMを使ってみよう。一つは『Micro Expression Training Tool』で、一瞬の表情をとらえる方法を教えてくれる。もう一つは『Subtle Expression Training Tool』で、感情の表われはじめに他人の顔に浮かぶ、かすかな表情のとらえ方を教えてくれる。これらのCD-ROMには、現在の能力を測る事前テストも含まれている。また、最後にはどれだけ能力が伸びたかがわかる最終テストもある。どちらも有用であり、言うまでもなく興味をそそられるものだ。ただ、マッキントッシュのユーザーは注意してほしいのだが、本書の出版時点では、これらのCD-ROMはウインドウズのパソコンにしか対応していない（詳細は www.paulekman.com を参照）。

◎「持ち主はどんな人？」ゲーム

IDEOは世界で最も評価の高いデザイン会社の一つで、持ち手の太い子ども向け歯ブラシから、アップル・コンピュータの初代マウス、Palm Ⅴまで、ありとあらゆるものを手がけている。彼らの手法とはどんなものだろう？　その秘密を知ったら、ＭＢＡ保持者たちは縮み上がるだろう。

答えは「共感」だ。ＩＤＥＯの中では、優れたデザインは格好いいスケッチや素晴らしい道具から生まれるものではない。それは人間に対する深く、共感的な理解から始まるのだ。

ここでは、私がカリフォルニア州パロアルトにあるＩＤＥＯの本社を訪れた時に教えてもらった、共感力を磨くためのエクササイズを紹介しよう。

会社の誰かに頼んで、財布やブリーフケース、バックパックなどを貸してもらおう。その際、当人の名前がわかるものはすべて出してもらう。次に、五、六人を集める。そして、持ち主の名前は告げずに、中身を調べてもらい、プライベート、仕事面、感情面において、その人がどのような生活を送っているかを当ててもらう。

たとえば、かばんの中にいろいろな物が詰め込まれているのか、それとも中身は少なくてきちんと整理されているのか？

仕事と関係のあるものは入っているか？

家族の様子や本人が興味を持っていることを示すようなものはあるか？

財布にはいくら入っているか？　写真は持ち歩いているか？……

考古学者のようにバッグの中身を一点ずつ調べれば、「自分がこの人物だとしたら、どんな気分だろうか」と本気で想像できるようになる。おまけに「持ち主はどんな人？」エクササイズはとても楽しい。

また、ＩＤＥＯでは、その他のテクニックを集め、五一枚の大きなカードに印刷したものを販売している。価格は四九ドル（約六〇〇〇円）で、オンラインでも、いくつかの書店でも購入できる。このＩＤＥＯメソッド・カードには戦略の数々が説明されている。

「共感」をデザイン・プロセスの中心に据えるためのそれらの戦略は、人類学、心理学、生体力学、およびその他の分野から得たものである。トランプと同じように、このメソッド・カードも「学ぶ」「見る」「訊く」「試す」という共感のための手法を示す、四つの組に分かれている。そして、各カードには、特定のテクニック（たとえば、「カメラ日記」とか「ボディーストーミング」とか）について、片面に写真、もう一方にはクライアントでの活用事例、という形で説明してある。誰かの財布を調べるのも楽しいが、このカードもまた楽しい（詳細は www.ideo.com 参照）。

◎「演技力」は大事

ある年代以上のアメリカ人なら、こんなＴＶコマーシャルを覚えているだろう。

「僕は医者じゃない、でもテレビじゃ医者になっている」

だが、今では、このアメリカ文化誌の一ページは、まったく逆になっている。医者のほうが役者になろうとしているのだ。演技のレッスンを受けることで、共感力を理解し、深めようとする医師の数は増え続けている。いささか怪しげな、あるいは不誠実な感じがするだろうと思う。だが、役者の仕事を考えてみてほしい。他人の心や考えに入り込むのが彼らの仕事だ。だから、演技は、感情や感情表現を解釈するための優れた手段なのである。

たいていの地方大学やコミュニティセンターなどでは、夜間のクラスも開講している。インストラクターは、リー・ストラスバーグ（著名な演出家、演技教師）ではないし、あなたもアル・パチーノではないのだから、ゲーム感覚でトライしてみよう。何か得るものがあるはずだ。

◎相手の感情を読み取る練習

もし、演技のレッスンを受けるのはちょっと……、あるいは「共感」というものの複雑さに戸惑っているのなら、『マインド・リーディング』というCD‐ROMを使ってみてはどうだろう。

ケンブリッジ大学の科学者グループによって企画されたもので、人々が音、表情、ジェスチャーなどを使って、四〇〇以上の異なる感情を実演しているCD‐ROMである。

感情を読み取ることが苦手でその方法を学びたいと考えている人（たとえば「自閉症」の人など）向けにデザインされている部分もあるのだが、役者やイラストレーターなど、表情や抑揚や一般的な感情について鋭敏な感覚が要求される職業の人々にも、広く活用されている。

価格は一二五ドル（約一五〇〇〇円）と安くはないが、百科事典的で役に立つ（詳細は www.jkp.com/mindreading を参照）。

◎「ボランティア」の効用

もう一つ、共感力を磨くための素晴らしい方法をお教えしよう。

今、住んでいる地域の中で、どこでもかまわないから、自分とはまったく異なる経験を持つ人々のためにボランティア活動をするのだ。

たとえば、ホームレスのシェルターでボランティアをするとしよう。すると、そこにいる人々の状況を自分に当てはめて想像せずにはいられないだろう。困っている人々を見て、「神のご加護がなければ、自分もそうなっていたかもしれない」と考えることで、あなたの共感力は磨かれるだろう。

だが、もちろん、これがボランティア活動をする理由ではない。それは、もっと価値あること、つまり「他人を助ける」という高貴な行ないに比べたら付属的なものなのだ。

◎ 自分自身をテストするウェブサイト

▼Empathy Quotient――サイモン・バロン＝コーエンが考案した六〇の質問によってEQを測定し、「女脳」を持っているかどうかを知ることができる。もし「男脳」についてもチェックしたいのなら、システム化指数（SQ　systematizing quotient）を測定するテストもやってみよう（EQについての詳細はtinyurl.com/9qdiを、SQについてはtinyurl.com/9qdkを参照）。

▼Emotional Intelligence Quotient――EQテストが終わったら、『E―IQ』テストをやってみよう。これはダニエル・ゴールマンが『アトネ・リーダー』誌のために用意した一〇の質問からなるテストである（詳細はwww.utne.com/interact/eiq.html参照）。

▼Spot the Fake Smile――BBC制作の、二〇項目からなる一〇分間テスト。ポール・エクマンの研究にもとづいたもので、愛想笑いと真の笑いを見分ける能力を知ることができる（詳細はwww.tinyurl.com/2u7sh参照）。

▼Mind in the Eyes Test――これもサイモン・バロン＝コーエンによるもので、眼だけを見て表情を当てる能力を測定する（詳細はtinyurl.com/277vm参照）。

▼Mayer-Salovey-Caruso Emotional Intelligence Test――現在利用できるEQテストの中では、おそらく最も広く高い評価を得ているテストだ。だが、他のテストとは違い、このテストは有料

である。共感について知るためのとっかかりとしてはふさわしくないかもしれないが、さらに探求したい人にはすばらしい選択肢だ（詳細は www.emotionalintelligencemhs.com/MSCEIT.htm 参照）。

5 「まじめ」だけでなく「遊び心」

●「遊び心」があると右脳が活性化する

左の男性はなぜ笑っているのだろう?

あなたが想像する以上に、その理由は複雑だ。

彼の名はマダン・カタリアという。インドのムンバイに住む医師である。カタリア医師は笑うのが好きだ。大好きなのだ。実は、彼は「笑い」が善玉ウイルスと同じような働きをすると信じている。つまり、笑いは人間、地域、あるいは国家の間にさえ影響を及ぼすと信じているのだ。

そこで数年前、彼は医師としての仕事の割合を減らし、「笑いの腸チフス・メアリー」、つまり、腸チフス菌をばらまいていたメアリー・マローンのように、「笑い」を人々に振りまくことにしたのだ。彼の使命とは、人々の健康を向上させ、人間としての利益を増し、さらには世界平和までもたらす「笑い」の大流行を世界中で起こすことにある。

彼はその伝達手段として「笑いクラブ」を作った。少人数のグループで毎朝早い時間に公園や村の広場やショッピングセンターなどに集まり、半時間ほど笑って過ごすというクラブだ。笑いによって世界を変えようというカタリア医師の計画は、「お笑い種《ぐさ》」に思えるかもしれない。しかし、一度「笑いクラブ」をのぞいてみてほしい。

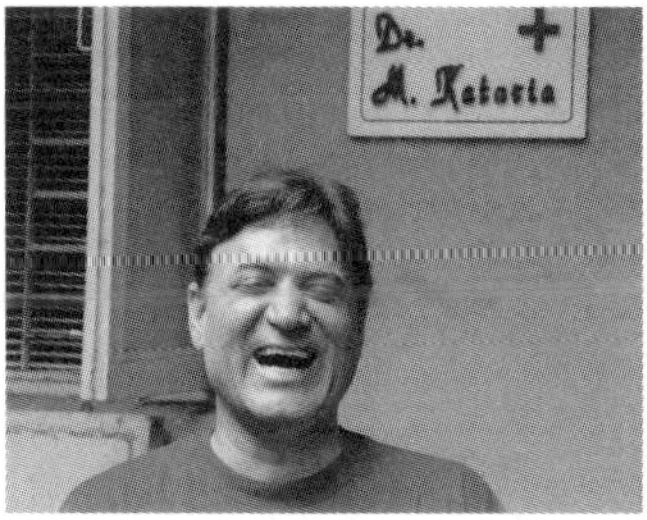

私はある蒸し暑い朝、ムンバイでこのクラブを訪れた。陽気に浮かれ、騒ぐ中にも秩序がある。

現在、約二五〇〇の「笑いクラブ」が世界各地で定期的に開かれている。それらの多くがインドにあり、およそ一〇〇がムンバイに、ハイテク都市バンガロールにはさらに多くのクラブがある。イギリス、ドイツ、スウェーデン、ノルウェー、デンマーク、カナダなど、欧米諸国でも次々と誕生しているし、アメリカ国内には数百のクラブが存在する。このようなクラブが最も急激に増えている場所は、職場である。

自ら笑いの伝道師となったこの男性には、本章の後半で再び登場してもらうが、世界中で彼の人気が高まっていること、特に「笑いクラブ」が職場で徐々に受け入れられていることを考えると、「コンセプトの時代」のもう一つの重要な側面が浮き彫りになってくる。

つまり、冷静で真面目であることを能力の基準とするのをやめ、五つ目のハイ・コンセプト、ハイ・タッチな資質「遊び」を高めることである。

カタリア医師はこんなふうに語ってくれた。

「『笑いクラブ』の目的は、もっと遊び心を持とうということです。遊び心があると、右脳が活性化します。論理的な左脳は限界のある脳です。右脳には限界がない。何にでもなりたいものになれるのです」

カタリア医師の運動やその結果、各地の職場で生まれた「笑いクラブ」とは対照的なのが、一九三〇年代から四〇年代のフォード自動車だ。同社のリバー・ルージュ工場では、笑うことは規律に反するとされ、鼻歌を歌ったり、口笛を吹いたり、笑顔を見せたりするのは反抗的である証拠だとされていた。

イギリスの経営学者デビッド・コリンソンは、次のように詳述している。

——一九四〇年、ジョン・ギャロという労働者が、「笑顔を見せた」ことが原因で懲戒解雇された。以前にも「他の労働者と談笑した」ために、「製造ラインを三〇秒ほど遅らせた」違反を犯したことがあるためだという。この厳しい懲罰的管理体制は、ヘンリー・フォードの哲学を反映している。ヘンリー・フォードはこう述べていた。「働くときは働き、遊ぶときは遊ぶべきだ。だがこれらの二つを合わせるのは無用なことだ」――。

フォードが心配していたように、仕事と遊びは毒を秘めた組み合わせだ。孤立させておかなければ、互いに毒を及ぼす。だが、「コンセプトの時代」には、豊かさによって、企業がそれまでリバー・ルージュ工場をしばりつけていた不況後の厳しさから解放されるにつれ、遊びと仕事の一体化がもっと一般的に行なわれるようになり、その必要性はいっそう高まった。時には、仕事と遊びの融合を企業戦略として明言する会社もある。

航空業界を例にとってみよう。サウスウエスト航空は、現在、最も成功している航空会社の一つで、倒産の瀬戸際であえぐ同業他社を尻目に、毎年利益を計上している。その素晴らしい業績の秘密を探る手がかりが、同社の綱領にあった。そこには、「何事も楽しんでやらなければ、まず成功しない」と書かれている。フォードが命じた喜びの否定とは、一八〇度異なる。同社は仕事の倫理を「遊び」の倫理で補完しようとした、いかれた一アメリカ企業ではないのである。

> **遊びの逆は仕事ではない。抑鬱《よくうつ》だ。遊びとは、自分の見通しが確実であると信じているかのように行動で表現し、意思を強く持ち、それに打ち込むことである。**
>
> ――ペンシルバニア大学教育学名誉教授、ブライアン・サットン＝スミス――

『ウォールストリートジャーナル』紙によると、ヨーロッパでは五〇社以上の企業――その中にはノキア、ダイムラー・クライスラー、アルカテルなどの決していかれてなどいない大企業も含まれている――が、「真剣な遊び」のコンサルタントを招いているという。これは、レゴのブロックを使って企業の経営幹部を訓練するテクニックである。

ブリティッシュ・エアウェイズでは、専任の「企業内道化師」まで雇い、同社の航空路線に「楽しさのセンス」をさらに吹き込もうとしている。

他の五つのセンスと同様、「遊び」もこれまでは軽視されがちだったが、今は陰から飛び出し、スポットライトを浴びるようになっている。「ホモ・ルーデンス（遊ぶ人）」は「ホモ・サピエンス（考える人）」と同じくらい効果的に仕事をこなせることが証明されつつあるのだ。「遊び」は仕事、ビジネス、個人の幸福を追求する上で重要な位置を占めるようになっている。そして、その重要性は三つの形、すなわち「ゲーム」「ユーモア」「喜び」に代表される。「ゲーム」――特にコンピュータゲームやテレビゲームは、大きな影響力を持つ巨大産業となり、プレイヤーに全体思考というものを教え、全体思考を備えた新しい種類の人材を大量に採用している。

「ユーモア」はそれ自体が、経営能力や心の知能指数、右脳半球に特徴的な思考スタイルなどを示す的確な指標である。

そして、無条件の自然な笑いに表わされるような「喜び」には、私たちをより生産的にし、存分に能力を発揮させる力がある。

この先を読めば、「コンセプトの時代」における楽しみやゲームは決して単なる楽しみやゲームではなく、笑いが決して「笑いごと」ではないことが、おわかりいただけるだろう。

●米軍が「テレビゲーム」を作ってやらせる意図

次ページの絵は、『America's Army』というタイトルのよく知られたテレビゲームの一場面である。

このゲームは、自分が撃たれないようにしながら敵を倒しつつ、非常に危険な状況を進んでいく、という内容である。敵の兵士を倒したり、味方を助けたりするとポイントになる。同じジャンルのほとんどのゲームと似たような構成だ。

さて、一つ質問がある。このゲームを開発した会社はどこだろう？　任天堂か、セガか？　それともエレクトロニック・アーツか？

どれも違う。

『America's Army』の開発・製造・販売のすべてを行なっているのは、「America's Army」

つまり、アメリカ陸軍なのである。

数年前、ウエストポイント（陸軍士官学校）の教授で、軍のマンパワーの専門家であるケーシー・ウォーディンスキー大佐は、目も当てられないほど減少した陸軍への志願者を増やす方法をいろいろと考えていた。

一九七〇年代に徴兵制度が廃止され、冷戦後は陸軍の規模が縮小されたこともあり、新兵候補者たちはひと昔前の若者たちに比べると、陸軍の任務というものをあまりよくわかっていなかった。

この問題を考えていたとき、大佐は士官学校の生徒たちがテレビゲームに夢中になっていることに気づいた。そして、右脳的インスピレーションによって、素晴らしい解決策がひらめいたのである。

ウォーディンスキー大佐は考えた。彼らにとって日常的なもの――ソニーのプレイステーションやマイクロソフトのXボックスやパソコンなど――を使って若者たちに接触したらどうだろう？ 薄っぺらなテレビコマーシャルや一対一の勧誘では、志願者に軍の任務の実態をわかってもらうことはできない。おそらく、擬似的に軍の生活や作戦を体験できるテレビゲームを

作れば、理解してもらえるのではないか。

大佐は、この計画を国防総省の幹部たちに説明した。彼らも人員不足には頭をかかえていたので、どんなことでもやってみようという空気があった。こうして国防総省から充分な予算を得たウォーディンスキー大佐は、軍隊生活の実態を伝えつつ、やる気にさせる、魅力的なゲームの開発に着手したのである。

それから一年かけて、海軍大学院の学生たちによるチームは、プログラマーや芸術家の助けを借りながら『America's Army』を作り上げ、二〇〇二年七月四日にウェブサイトGoArmy.com上で無料で公開した。公開後、最初の週末にはアクセスが殺到し、陸軍のサーバーがクラッシュしたほどだ。今では、ディスクでの配布もされていて、徴兵事務所やゲームマガジンなどで入手できる。現在、二〇〇万人以上の登録ユーザーがいる。通常の週末には、およそ五〇万人がコンピュータの前に座り、陸軍作戦のシミュレーションに興じている。

『America's Army』は「目的を達成する上で必要なチームワークや価値観、および責任」を強調している点で、他の戦闘ゲームとは一線を画しているという。

プレーヤーは、基礎訓練を受けたあと、複数のプレーヤーで行なうゲームに参加でき、少人数の部隊で行動する。そして作戦をうまくこなせば、グリーン・ベレー（特殊部隊）に進むことができる。戦争捕虜を救出する、パイプラインを守る、テロリストへの武器供与を阻止する、など、ミッションのほとんどがチームでの任務だ。プレーヤーは敵を倒したときだけでなく、味方を助けた場合にも、任務を遂行した時に部隊の全員が生存している場合にもポイントを得られる。

何か愚かな行為――市民を撃ち殺す、命令を無視する、など――をしたときには、レヴェンワースの仮想刑務所に投獄されたり、ゲームから追放されたりする。また、他のヒット作を生んだ製作者と同様、アメリカ陸軍はこのゲームをシリーズ化しようとしていて、『America's Army : Special Forces』というタイトルの新しいゲームを製作中だ。

この事実は、「遊び」とは、子どもの遊びに必要な能力だと信じている人たちに、冷や水を浴びせることだろう。しかし、現実はさらに驚くべき状況にある。

GMがアートビジネスをやっていると述べたのと同様、アメリカ陸軍がゲームビジネスをやっているのだから（もし、陸軍がこのゲームを競合製品並みの価格で販売していたら、初年度だけで六億ドル〈七〇〇〇億円超〉の収入を得られたはずだ）。

陸軍がテレビゲームを利用したというのは、ゲームが及ぼす影響力を示すほんの一例にすぎない。三〇年前に初期のテレビゲームの一つ「ポン（Pong）」がゲームセンターに登場したときは、さほど目立たない存在だったが、テレビゲーム（すなわち、コンピュータ、ウェブ上、あるいはプレイステーションやXボックスなどの専用機《コンソール》で実行できるもの）ビジネスは急成長を遂げ、日常生活の中で特に大きな位置を占めるようになった。

例をあげよう。

▼六歳以上のアメリカ人の半数が、コンピュータゲームやテレビゲームをする。アメリカ人は毎年二億二〇〇〇万個のテレビゲームを購入していて、一家庭に約二個の割合でゲームがある。ゲームは「Y染色体を必要とする娯楽だ」という通説にもかかわらず、現在、ゲーム人口の四〇%以上を女性が占めている。

▼アメリカでは、テレビゲーム産業は映画産業よりも大きい。アメリカ人は映画のチケットを買うよりもたくさんのお金をテレビゲームにつぎ込んでいるのだ。アメリカ人が一年間にテレビゲームをする時間は、平均すると七五時間。これは一九七七年と比較すると二倍で、ビデオやDVDの観賞時間よりも長い。

▼ゲーム制作会社の一つ、エレクトロニック・アーツは、スタンダード&プアーズ五〇〇種株価指数に名を連ねている。二〇〇三年度のエレクトロニック・アーツの売上高は二五〇億ドル（約三兆円弱）で、その年の封切り映画トップ一〇の興行収入を併せた額よりも多い。任天堂のテレビゲームの「スーパーマリオ」シリーズは、発売以来七〇〇億ドル（八兆円超）を売り上げた。これは、映画「スター・ウォーズ」シリーズ全作の興行収入合計の二倍にあたる。

ゲームとは研究活動が最も高まった状態である
――アルバート・アインシュタイン――

●トレンドをつかみ、関連性を描き、全体像を理解する格好の手段

だが、親指をピクピク動かしてゲームを操るティーンエージャーと暮らしているにもかかわらず、大人たちはゲームの重要性を十分に理解できていない。ある世代の人たちにとって、ゲームは自己表現や自己分析の伝達手段であるばかりでなく、問題解決のツールにもなっている。今の時代の人々にとって、テレビゲームは親世代の人々にとってのテレビのように、生活の中に入り込んでいるのだ。

たとえば、いくつかの調査によると、「テレビゲームをしたことがある」と答えたアメリカの大学生の割合は一〇〇％である。

大学キャンパスへ行けば、「Myst」や「Grand Theft Auto」や「Sim City」などのゲームをやったことがない学生を見つけるよりも、演算法の授業を受けているシッポの短いアマガエルを見つけるほうが簡単だろう。

カーネギー・メロン大学の二人の教授がこんなことを書いている。

「我々は、定期的に学生のメディア体験について調査しているが、たいていの場合、五〇名の

学生全員が観たと答える映画は一つも見つからない（たとえば、カサブランカを観たことがあると答える学生は通常三分の一程度だ）。だが、すべての学生がやったことがあると答えるテレビゲームのタイトルなら、ほとんど毎回、一つ以上はあがる（たとえば、スーパーマリオ・ブラザーズなど）」

中にはこのような情報に失望し、ゲーム機のコントローラーを操っている時間の分だけ、個人の知能と社会の発展が後退しているのではないかと危惧する人もいる（その多くは私と同じ四〇代で、ちょっと変わった人たちだ）。だが、これは、ゲームが持つ力を誤解しているにすぎない。事実、『What Video Games Have to Teach Us About Learning and Literacy（テレビゲームの学習と文盲率に与える影響から我々は何を学ぶべきか）』という著書もあるウィスコンシン大学のジョン・ポール・ジー教授は、ゲームは究極の学習マシンにもなり得ると論じている。

「（テレビゲームは）学習の原理をうまく利用している。つまり、デザインや学習への動機づけを盛り込むことができるのだ。このような学習の原理は、反復練習や基本を繰り返すだけの学習や、次から次へと学校をやめるまでテストを繰り返す今までの教育方法よりも良い」

だからあれほど多くの人がテレビゲームを買い、五〇から一〇〇時間という大学の一学期分にも匹敵するほどの時間をかけてマスターするのだ。

ジー教授は書いている。

「実際、テレビゲームで遊ぶ子どもたちは、教室よりもはるかに効果的な形で学びを体験することができる。学びとは個々の事実を記憶することではない。それぞれの事実を関連づけ、巧みに操作することなのだ」

実際、数々の調査結果の積み重ねにより、テレビゲームをすることで、「コンセプトの時代」に不可欠なスキルの多くに磨きがかかることがわかってきた。

たとえば、二〇〇三年に『ネイチャー』誌に掲載された重要な研究発表では、テレビゲームをするとたくさんの利点を得られることがわかった、と述べられている。

視覚認知のテストでは、ゲームをする人のほうが、しない人よりも三〇%も高い得点を取った。テレビゲームをすることで、周囲の状況の変化を察知する能力や、情報を同時に処理する能力が向上するのだという。

医師でさえ、短い時間ゲームキューブを楽しむことで利益を得られる。ある研究によると、「週に最低三時間はテレビゲームをする医師は、ゲームをしない医師に比べて、腹腔鏡手術でのミスが三七%少なく、処置を二七%速く行なえる」ことがわかった。

また、別の研究では、職場でテレビゲームをすると生産性が向上し、仕事の満足度が高まるとの結果も出ている。また、テレビゲームをするとパターン認識が必要な問題解決能力という「右脳的能力」が向上する、との証拠もある。

テレビゲームをすることの特徴の多くは「調和」の資質と似ている。トレンドをつかみ、関連性を描き、全体像を理解する、といった点だ。

「我々に必要なのは、現代の職場、環境、国際関係、社会交流、文化などの複雑なシステムについて深く考える方法を学ぶことだ。これらのシステムの中ではすべてのものが複雑に絡まり合い、誤った意思決定は悲劇を招くからだ」

とジーは言う。コンピュータやテレビゲームは、このことを教えてくれるのだ。

さらに、最も人気を集めているのは『America's Army』などのシューティング・ゲームではなく、ロールプレイング・ゲームだ。これは、プレーヤーがキャラクターに成り代わり、そのキャラクターの視点で仮想世界を進んでいくというものだ。このようなシミュレーション・ゲームで得られる体験には、共感力を深め、実社会で人と交わる際のリハーサルの役目を果たしてくれる面もある。

さらに、ゲームは医療分野でも使われ始めている。たとえば、任天堂のゲームボーイで『グルコボーイ』というゲームをすると、糖尿病の子どもは自分でグルコースレベルをモニターできる。また、カリフォルニア州のバーチャルリアリティ・メディカルセンターでは、恐怖症や不安障害の患者の治療に、運転、飛行、高さ、狭い場所、その他、不安を引き起こす状況をシ

二一世紀における「遊び」は、三世紀にわたって続いてきた産業社会における「労働」と同じ意味を持つだろう――知り、行動し、価値を作り出すための中心手段なのである。

『The Play Ethic』著者、パット・ケイン

ミュレートできるテレビゲームを活用している。

　確かにゲームは完璧ではない。ゲームをすることと攻撃的行動との相関性を指摘する証拠もいくつかある。もっとも、時々楽しむ程度でも関連性があるのかどうかははっきりしていない。また、まったく時間の無駄にしか思えないようなゲームもある。

　しかし、心配する親や家族の意義を説くモラリストの力説よりも、はるかに高い価値がゲームにはある。そして、プレーヤーが身につけられる能力は、右脳に依存した時代にはとてもマッチしたものなのだ。何百万人が娯楽としてゲームを楽しむ一方、ゲームを職業とする人も何十万人といる。特にゲームについての全体思考適性を持つ人たちだ。

　あるゲーム会社の採用担当者は、「右脳と左脳の橋渡しができる人材」が理想的だと言う。企業は芸術、プログラミング、数学、認知心理学の各分野を隔てないように努め、多くの分野の断片を集めて一つの大きなタペストリーを織り上げることができる人材を探している。

　また、ゲーム業界が成熟し、プログラミングなどのルーチン・ワークがアジアへ外注されるようになったことで、ゲーム関連職に特に求められる資質も変わってきた。

　あるゲーム・コラムニストはこのように述べている。

「ゲーム制作の手法が変わり、将来的にプログラマーの需要は減り、芸術家やプロデューサー、ストーリーテラー、デザイナーなどの需要がさらに増える。あるゲーム開発者は、『ゲームは単にプログラムに頼るものではなくなり、もっと芸術的なメディアになった』と話している」

これも、ゲーム芸術とデザインの学位を与える芸術学校が多い理由の一つである。

シアトル近郊にあるデジペン工科大学では、テレビゲーム開発についての学士号を与えている。『USAトゥデイ』紙は、「高校出たてのゲーム好きな学生たちにとって、ここは彼らの『ハーバード大学』になりつつある」と評している。この学校のニックネームは「ドンキーコング大学」だ。

また、南カリフォルニア大学（USC）の有名な映画・テレビ学部では、ゲーム研究に対し、美術学修士号を授与している。

「七五年前にUSCが映画学部をスタートしたときには懐疑的な声があった」と、同校でゲームデザインを教えるクリス・スウェインは言う。

「私たちは、ゲームは二一世紀の文学だと信じている。現在のゲームを見ると、そのように考えるのは難しいかもしれない。だが、その下地はすでに整っている」

カーネギー・メロン大学のエンターテインメント・テクノロジー・センターへ行くと、ゲームがこれからの経済で中心的役割を果たすことをすんなりと理解できるかもしれない。このセンターは、美術学部とコンピュータサイエンス学部との協力で生まれた。

カーネギー・メロン大学では、「右脳と左脳のための学位プログラム」を謳い、まったく新しい学位、「エンターテインメント・テクノロジー修士号（MET）」を与えている。学生たちは、プログラミングからビジネス、即興劇にいたるまで、ありとあらゆることを学ぶ。そして与えられる学位は、芸術でもサイエンスでもなく、学際的学位である。

学校側は言う。

「この学位は、この分野の学生にとって学問研究の頂点になります。ですから、MA（文学修士）やMS（科学修士）よりもずっと意義があり、学問的にはMFA（美術学修士）やMBA（経営学修士）と同じ重みがあるのです」

MFAが新たなMBAなら、近い将来、METが新たなMFAとなるかもしれない。METは「全体思考」を働かせなくては取れないからだ。

●「心の知能指数」が高い人は、脳をバランスよく使える

ゲームというテーマが頭にあるうちに、ゲームをやってみよう。

私はこのゲームを「オチ当てクイズ」と呼んでいる。こんな感じだ。

まず、ジョークの初めの部分、話の設定を示すので、それにふさわしいオチを選択肢の中から選んでほしい。では始めよう。

六月のある土曜日、ジョーンズ氏は隣人のスミス氏に会った。

通りを彼のほうに向かって歩いてくる。

「スミスさん」

と、ジョーンズ氏は声をかけた。

「今日の午後、おたくの芝刈り機を使いますか？」

「あ、はい。使いますけど……」

スミス氏は慎重に答えた。

そこでジョーンズ氏はこう言った。

（a）「ああ、そうですか。終わったら、貸していただけますか？」
（b）「よかった！　じゃあ、ゴルフクラブは使いませんね。貸してもらえます？」
（c）「おおっと！」踏みつけた熊手が危うく顔に当たるところだった。
（d）「鳥たちがいつも草のタネを食べてしまうんですよ」

もちろん、正しいオチは（b）だ。
（a）は論理的だが、びっくりもしないし、おもしろくもない。
（c）には驚きはあり、熊手が顔に当たるという状況は笑いを誘うかもしれないが、話の内容が合わない。

そして（d）はまったくつじつまが合わない。

このジョークは、ナイトクラブで聞いてきたわけでも、HBOのコメディ特番で観たわけでもない。実は、学術機関誌『Brain』に一九九九年に発表された神経科学研究論文から引用したものだ（このジョークが大爆笑、というほどおかしくないのはそのせいかも）。

ユーモアを解する役割を果たすのは二つの脳半球のうちどちらなのかを調べるため、プラビサ・シャンミとドナルド・スタッシュという二人の神経科学者が実験を行なった。その中でこの「オチ当てクイズ」を使ったのである。

健全な脳を持った対照群は、（b）を選んだ。おそらく読者もそうだろう。

だが、右脳半球、特に前頭葉に損傷のある人で構成された実験群では、（b）を選んだ人はほとんどなく、たいてい他の三つの答えを選んだ。三つの中では、（c）のジョーンズ氏の顔に熊手が当たる、という内容を選んだ人が、ごくわずかながら多かった。

二人はこの研究から、ユーモアの理解や認識には右脳が重要な役割を担っていると結論づけた。右脳に損傷があると、ちょっと気の利いたコメディでさえ理解するのが困難になる。その理由は、ユーモアの本質と右脳の特質の両方にある。ユーモアには、つじつまの合わない内容が含まれることが多い。話が進むうちに、突然、何かびっくりするようなことや筋に合わないことが起こるのだ。

左脳は驚きや不調和を好まない（「ゴルフクラブがどうしたって？」と左脳は驚きの声を上げるはずだ。「それが芝刈りとどんな関係があるんだ？　わけがわからないよ」）。だから、比喩や言葉には表われない情報を得た時と同じように、左脳は右脳に助けを求めてくる。そして、右脳は違う観点から言葉を解釈することで、不調和を解決するのだ（「よく聞けよ」と右脳が左脳に説明する。「ジョーンズはスミスをだましたんだよ。わかったか？　ははは っ！」）。

だが、ジョーク好きで不つりあいな内容を解決してくれる右脳が損傷を受けると、脳はユーモアを解するのにかなり苦労することになる。びっくりした後で「ああそうか」と納得する、そんなうまいジョークの連鎖反応の代わりに、大爆笑にはいたらず、混乱してわけのわからない状態をひきずってしまうのだ。このジョークを理解するための脳の分業は、ふつうの人がどれだけ簡単に正しいオチを選択できるかについても、重要な影響を及ぼしている。

＊注——この研究は、もう一つ別の科学的難問にも光を投げかけているかもしれない。それは、「ほとんどの男性がテレビコメディ『三バカ大将』をおもしろいと感じるのに、たいていの女性はおもしろいと思わないのはなぜか」という問題だ。前章で述べたが、「極度の男脳」の持ち主には右脳に障害のあるケースが多い。「オチ当てクイズ」では、右脳に損傷のある患者には、ドタバタ喜劇的な答えを好む傾向が見られた。したがって多くの男性が『三バカ大将』を好む（一方で、女性はこれを軽蔑してい

る）のは、脳の男性性と美的感覚の不足に関係があるのかもしれない。

シャンミとスタッシュは、ユーモアは「人間の知能の最も高尚な形での表われだ」と主張する。

「この物語全体に、深い暗示が含まれている」

と二人は書いている。

「右脳前頭葉は、これまで（今でも時々あるのだが）脳内で最も沈黙した部分だと考えられてきた。だが、対照的に、そこは人間の脳の中で最も重要な領域の一つであるかもしれないのだ。……そして、そこは最も高度に進化した人間の認知機能にとって、欠くことのできない領域なのである」

ユーモアには右脳が最も得意とする特性が多く含まれる。

「文脈中の状況を見極める力」、「全体像を見る力」、「異なる観点から新しい関係を作り上げる力」などだ。そのため、「遊び」におけるユーモアのセンスが、仕事の世界でも急速に価値を高めてきている。

「四〇年以上にわたって多くの研究者たちが行なってきた研究の結果、ある共通の認識を得られた。それは、『ユーモアはうまく使えば経営を推進する潤滑油になる』というものだ」

と、ファビオ・サラは『ハーバード・ビジネス・レビュー』の中で述べている。

ユーモアは対立心を和らげ、非難をそらせ、緊張を和らげ、モラルを向上し、伝えにくいメッセージを伝えるのに役立つ。調査によると、最も有能な経営者たちは、ごく普通のマネージャーたちと比べて二倍もユーモアを用いるという。サラは言う。

「持ち前のユーモアのセンスは、より広い意味の管理能力と絡み合い、それを示す指標にもなっている。それは優れた『心の知能指数』だ」

当然、ユーモアは組織内では不安定な要因になりえる。

「ユーモアを作ろうと努力すると、実際にはそれが失われてしまうこともある。一方で、滑稽さを押さえつけると、その復活につながる可能性もある」

と、デビッド・コリンソンは言う。コリンソンは前述の「フォードの陰気な工場」の物語を紹介した人物で、組織におけるユーモアについて研究している。組織内で使われるユーモアには、さまざまな長所や副次的影響がある。否定的なユーモアはとりわけ有害なことがある。組織を分断し、橋渡しが難しい組織内の亀裂を浮き彫りにすることもある。

「ユーモアは、常に社会をつなぐ源となるわけではない。職場内の亀裂、緊張、衝突、力の不均衡、不平等などを反映したり、強めたり、明確にしたり、焦点を当てたりすることもあるのだ」


遊び心いっぱいの軽妙な資質が、クリエイティブな人の特徴であることに疑いはない

――ミハイ・チクセントミハイ

と、コリンソンは述べている。だが、ユーモアはもっと賢明に使えば、組織の心髄を明確に示してくれる。

「職場で交わされるジョークは、入念に考えられた調査の結果と同じくらい、もしくはそれ以上に、組織とその経営、文化、対立などをはっきりと示してくれる」

と、コリンソンは言う。

『ハーバード・ビジネス・レビュー』の編集長、トーマス・A・スチュワートは、社内で交わされる会話をまとめて、組織風土を知るための手がかりにしてはどうかと提案している。

彼は、今では悪名高いエネルギー会社となってしまったエンロンで、監査官が会社の不正行為に気づくよりもずっと以前から、当時のいかがわしい取引の数々が社内の余興の場で皮肉なジョークのネタになっていたことを知ったからだ。

また、ユーモアは組織を結びつける力にもなり得る。水のみ場でジョークを笑い合ったり、同僚とランチの席で笑ったりしたことのある人なら誰でもわかるだろう。

二〇世紀のフォード自動車のように、ジョークをとばす人間に懲罰を与えるのではなく、組織はそういう人材を見つけ出し、ユーモアのセンスをその人の長所として評価すべきなのだ。

そろそろユーモアを単なるエンターテインメントという身分から引き上げ、その本質を認識する時期にきているのではないか。ユーモアは人間特有の洗練された知能の表われであり、コンピュータでまねることはできない。また、ハイ・コンセプト、ハイ・タッチな世界では、ますます重要視されるようになるだろう。

●「笑いクラブ」の実践エクササイズ

インドでは何事も少し遅れて始まるが、「笑いクラブ」だけは例外で、きっちり定刻に始まる。朝六時半、キリ・アグラウォルが笛を吹くと、カタリア医師とその妻マドゥーリ、そして私を含めて総勢四三名が集まり、だいたい半円の形になる。

そして、アグラウォルが笛を止めると、四三人全員があたりを歩き回り始める。一緒に手を叩きながら、何度も「ほう、ほう、はっはっはっ。ほう、ほう、はっはっはっ」と大声で繰り返す。

場所は、プラボダーン・スポーツ・コンプレックス。ムンバイ北西部の住宅街にあるカタリア医師の自宅からは五キロメートルほどのところだ。

「スポーツ・コンプレックス」とはいっても、ぬかるんだサッカー場とひび割れたランニング・トラックのまわりをいまにも崩れそうなコンクリートの壁が囲んでいるだけの場所である。

それから四〇分間、人前で見知らぬ人たちと一緒に、初めての体験をした。

「笑いクラブ」の他のメンバーと一緒に、私はヨガや美容健康体操にも似たいくつかのエクササイズを行なう。俳優が役柄に同一化して演じる演技法「メソッド」も少し取り入れていた。

最初のエクササイズの一つは「ナマステ（こんにちは）笑い」。伝統的なヒンズー教の挨拶のスタイルで、祈るように顔の前で手のひらを合わせる。そして他の参加者をじっと見つめ、笑うのである。これは意外に難しかった。自発的に笑うのは、前章で私がやったような無理に作り笑いをすることよりもずっと難しい。そこで私はただ「はっ、はっ、はっ」という大声を出すことにした。すると、奇妙なことが起こった。無理に作った馬鹿笑いがだんだん自然に感じられるようになり、他の人の笑い声が私の中に隠れていた笑いを呼び出してくれるような気がしたのだ。

そして、しばらくすると、「ただ笑う」というエクササイズに移る。
私は、カタリア医師のリードに従って、エクササイズを進めた。
カタリア医師はダイヤモンドのピアスを耳につけ、ジーンズに赤いTシャツという出で立ちだ。
Tシャツには、

「グローバルに考え、ローカルに笑おう（THINKGLOBALLY, LAUGH LOCALLY）」と書かれている。

彼は手のひらを上に向け、円を描くように歩きながら、大きな声でこう繰り返した。

「何で笑っているのか、わからないよ」

私も同じようにした。カタリアは、よく目を固く閉じたまま笑うのだが、その様子は別の世界をさまよっているかのように見えた。そして、それぞれの笑いの後には、また一、二、一、二、三、というリズムで「ほう、ほう、はっ、はっ、はっ」と手を叩くのを一分間続ける。

この体験は奇妙であったが、同時に活力を与えてくれるものだった。四三人——そのほとんどがサリー姿の年配の女性——が、「ライオン笑い」のエクササイズで舌を突き出し、かぎ爪のついた手を誇示するようなポーズで、とりつかれたかのように金切り声を上げている様子は、実際、異様だった。だが、屋外で理由もなく笑うと、活力がわいてくるものだ。懐疑的だった私でさえ、良い気分になれたのだから。

その後、カタリア医師のオフィスに戻り、笑いが彼の人生をどのように形作ってきたかを聞いた。

彼は、パンジャーブ州の小さな村で、八人兄弟の末っ子として生まれた。両親はろくに教育を受けていなかったが、母親は彼に医者になってもらいたいと思っていたらしい。

カタリアは医学部に進学し、一九八〇年代にはムンバイ周辺で車を使っての移動内科診療を始めた。一九九〇年代初めには、診療のかたわら、健康に関する雑誌『My Doctor』の編集発行を始めた。やがて、よく笑う患者のほうが治りが早いことに気づいたカタリア医師は、一九九五年に「笑い――最良の薬」と題する論文を発表した。カタリア医師は、「笑いがこれほど素晴らしいものなら『笑いクラブ』を始めたらどうだろう」と考えたのだという（良医のおよそ四分の一は、いくつかのバリエーションも含めて「〜すればどうだろう」式の表現を使う）。

そしてこう続けた。

「一九九五年三月一三日の朝四時に、アイデアがひらめいたんだ。それから三時間も経たないうちに、私は公園に行き、人々に『笑いクラブに入って、私と一緒に笑いませんか』と声をかけたんだ」

その時の参加者はわずか四人だった。それでもカタリア医師は笑いの効用を彼らに説明した。ジョークを言い合っているうちに、皆気分が良くなってきた。その後、彼らは毎日これを続けた。だが、一〇日目に、ある問題にぶち当たった。ジョークが尽きてしまったのである。カタリア医師は困ってしまった。だが、その時、ジョークがなければ笑えないわけではない、ということに気づいたのだ。

彼はヨガの先生をしている妻に、笑いを生み出すエクササイズを創作できないかともちかけた。そして、「ヨガの呼吸法と笑いを組み合わせて、『笑いヨガ』にしてみたらどうだろう」という結論に達したのだ。こうしてこの運動が生まれた。

「もし、私が医者でなければ、みんな私のことを笑いものにしただろうね」

と、カタリアは言う。そう考えるといつも笑ってしまうのだそうだ。そして彼は、眼を閉じ、頭を後ろに反らせて笑った。

●「満足のいく人間関係」が持てる人の習慣

カタリア医師は、ユーモアは笑いの必須条件ではないと考えている。彼の「笑いクラブ」が目ざしているのは、「思考から解放された」笑いなのだ。

「笑っているときは、他のことを考えられないだろう? それが私たちの瞑想法の目標なんだ」

瞑想により、精神に喜びがもたらされる。喜びは幸せとは違う、とカタリアは言う。幸せは条件を伴うが、喜びに条件はない。

「何かに頼らなければ笑えないのなら、その笑いはあなた自身のものとは言えない。それは条件つきの笑いなんだ。だが、『笑いクラブ』における笑いの源は体の外にではなく、内にあるんだ」

小さな子どもは本当にユーモアを理解しているわけではないが、それでも赤ちゃんのころからよく笑う、とカタリア医師は指摘する。実際、一般に、子どもは一日に何百回も笑うが、大人はせいぜい一〇回程度だと言われている。

彼によれば、グループになって「笑いヨガ」をすることで、大人の「条件つき幸福」を子どもの「無条件の喜び」へ変えることができるらしい。

「私は、人々が子どもらしい遊び心を再生するお手伝いをしたいのです」

カタリア医師はそう語った。

自分の潜在意識から内なる幼児性を引き出す必要があるなどと言われると、普通はそれだけでびっくり仰天して、思わず財布を隠してしまうものだ。しかし、カタリア医師が主張する笑いの効能の大部分には、科学的な裏づけがある。笑いで結核を治すことはできないが、この笑いという奇妙な人間活動——口から放たれる空気と音の震動——は、間違いなく有益なものなのだ。

例を紹介しよう。

ロマリンダ医科大学精神免疫学センターのリー・バーク博士の研究では、笑うことでストレスホルモンが減少し、免疫システムが向上するという結果が出ている。

神経科学者のロバート・プロバインは、著書『Laughter —— A Scientific Investigation（笑い——その科学的調査）』の中で、笑いの人類学や生物学について詳細に説明しているが、

「ユーモアや笑いの鎮痛効果を支持する科学的研究結果は、数は多くはないが、徐々に増えてきている」

と述べている。さらに、笑いには有酸素運動と同じような利点がある。笑いは心臓血管系の働きを活性化させ、心拍数を上げ、より多くの血液を内臓に送り込むことができる。プロバインの報告によると、笑いの研究をしているウィリアム・フライは「心から一分間笑ったときの心拍数に達するまで家庭にあるボート漕ぎ式の健康器具でやろうとすると一〇分もかかる」と言う。

おそらく最も重要なのは、笑いが社会的活動であるという点だ。他人と常に満足のいく人間関係を保てている人のほうが、より健康で幸せを感じているという証拠が、数えられないほどあるのだから。笑いは「ジョークよりも、むしろ人間関係に深い関連がある」とプロバインは言う。

私たちはめったに一人で笑ったりはしない。それでも、他人がクスクスし始めると、こちらも思わず笑ってしまうことがよくある。笑いは共感を伝えるための言葉によらないコミュニケーションの形であり、前章で述べた「あくび」よりもずっと伝染しやすいものだ。

最後に笑う者は、ジョークの意味がわからなかった証拠（訳注：最後に笑える者が勝利者だ、という慣用句をもじって、皆が冗句でドッと笑ったときに、最後に笑う人はたいてい意味がわからなかった人さ、というヒネリを入れている）。

——ヘレン・ジャングレゴリオ

「笑いクラブ」――笑いそのものと同じように、参加は無料だ――では、体に良い四つのこと（ヨガ、瞑想、エアロビクス、社会的ふれあい）の要素を組み合わせ、五番目の良いことを作り上げたのだ。

だからカタリア医師は、「笑いクラブ」が次に開拓すべき場所は、ストレスがもっともたまるところ、つまり職場だと信じている。

「笑いは、職場のストレス軽減のための中心的な役割を担うことができる」

と言う。また、ビジネス界では、

「真面目な人のほうが信頼できると考えられているが、それは間違っている。それは古い考え方だ。笑っている人のほうが、クリエイティブだし、生産性も高い。一緒に笑える人たちは、協力して仕事をこなせる」

と語っている。

グラクソやボルボなどは、このメッセージに理解を示し、社内に「笑いクラブ」を作った。自称「喜び研究家」でカタリアの弟子でもある、オハイオ州在住のスティーブ・ウィルソンはアメリカ企業にもこのメッセージを伝えようとしている。

カタリアは言う。

「すべての会社に『笑いの部屋』を設置すべきだね。『喫煙室』があるのなら、『笑いの部屋』があってもいいじゃないか」

ＩＢＭが近いうちに「笑いの部屋」を設置するとは思わない（もっとも、『フォーチュン』五〇〇社の経営者が子どものおもちゃであるレゴのブロックで遊ぶために投資をするとは思っていなかった人も多分いただろうが……）。

しかし、豊かな時代には、左脳ではできない何かを笑いがもたらしてくれるのも確かなようである。より広くとらえれば、今日では遊びの倫理が仕事の倫理を高めたり、強めたりすることもある。

ゲームによって新しい時代の働き手たちはさまざまな全体思考的レッスンを学び、「コンセプトの時代」のカギとなるいくつかのスキルを必要とする産業が発展した。

ユーモアは、オートメーションと外注化の時代に求められる高度な思考のさまざまな側面を象徴している。そして、純粋な笑いは喜びをもたらし、さらにはより優れた創造性や生産性、コラボレーションへと導いてくれる。

「制限された脳とは、テクノロジーのことだ」

朝食後、カタリア医師はこう言った。時計の針は正午に近づいていた。

「これをすれば、これが得られる。あれをやれば、あれが得られる。

そういうのは数学的考えだ。笑いは天から授けられた数学だってわかったんだ。二足す二は四にはならない。二足す二は、六四になることだってある」

そう言って彼は笑った。

まとめ――「遊び心」に関する備忘録

◎「世界笑いの日」

人生を少し気楽にできる簡単な方法の一つが、「笑いクラブ」に参加することだ。「笑いクラブ」は急速に増えているので、読者の周辺にも一つくらいはあるだろう（クラブのリストについては「笑いヨガ（Laughter Yoga）」のウェブサイトを訪ねてみるといい）。「笑いの伝道師」であるマダン・カタリア医師は『Laugh for No Reason（笑うのに理由はいらない）』というタイトルの本やビデオ、DVDも出していて、「笑いヨガ」の基本やその理論、科学的裏づけも説明されている。

本やビデオなどの価格は三〇ドル程度（約三五〇〇円）だが、クラブそのものは無料で参加できる。カタリア医師が言う通り、「形式も参加料も大騒ぎも不要」である。

また、春には「世界笑いの日」があるのでチェックしてほしい。毎年五月の第一日曜日だ。

さあ、私に続いて笑ってみよう。「ほう、ほう、はっはっはっ！」（詳細については www.laughteryoga.org を参照）

◎マンガの「吹き出し」のセリフを考える

第1部3章でイェール大学のロバート・スターンバーグ教授によって開発された全体思考を測定するための手法、もうひとつのSATとも言える「レインボウ・プロジェクト」について説明した。SATに対抗するエクササイズの一つに、『ニューヨーカー』誌のマンガの吹き出しを空白にし、それを受験者に当てさせる、というものがある。

あなたもこれに挑戦してみよう。

できれば数人でやるといい。

まず、『ニューヨーカー』誌から五つか六つのマンガを選び、それらを切り抜き、吹き出し部分を隠す。それからそれを仲間に見せ、それぞれに吹き出しの中を考えてもらう。

興奮！　汗をぬぐって、さあもう一度！

その難しさとおもしろさにきっと驚くことだろう（『ニューヨーカー』が主催する年間キャプションコンテストのためにも良いトレーニングになる）。

このエクササイズの参考として、また、ウィットに富んだマンガについて、より広く考えるために、『ニューヨーカー』のマンガ編集者ロバート・マンコフの本『The Naked Cartoonist（裸のマンガ家）』も読んでみよう（また、この分野についてさらに知りたい人は、マンコフ編集の『TheComplete Cartoons of The New Yorker（ニューヨーカーのマンガ全集）』をチェックするといいだろう。同誌に掲載された六万八六四七のマンガが収録されたCDつきだ）。

キャプションには、「リズムと簡潔さ、そして驚きが必要だ」とマンコフは言う。そして、そこに込められるユーモアは、特に右脳的な感覚によって生み出される。

「ほとんどのマンガやおもしろいアイデアには、この奇妙な組み合わせが見られる」

と、マンコフは言っている。

「それは、意識が抵抗する概念同士の混合やカテゴリーの重なり合いだが、新しいアイデアを生み出すためには絶対に必要なことなのだ。挑発的な考え方をすれば、二つのアイデアが一緒になってヤックスをするようなものだ」

◎自分の「ユーモア度」を測る

ネブラスカ大学オマハ校教授のジェームズ・ソーソンは、ユーモアのセンスを多次元的に測る手法を考案した。個人の陽気さを測定するもので、研究者にも臨床現場でも用いられている。

このテストでは、

「あなたは何かに対処するときにユーモアを使うか」

「友人からウィットのセンスがあると言われるか」

といった質問が出される。
ソーソンの行なった研究によれば、「このユーモアセンス多次元測定テストで高いスコアを取る人は、スコアの低い人に比べて、憂鬱《ゆううつ》になりにくく、目的意識が高い」ことがわかった。読者も試しにテストを受けて、自分の陽気さを調べてみよう（詳細はtinyurl.com/6t7ffを参照）。

◎「発明」に取り組む

発明と遊びには共通点が多い。優れた発明家は遊び心があるし、よく遊ぶ人には発明の才がある。この関連性を理解するには、スミソニアン博物館の「遊びの中の発明」展を訪れてみるといい。これは「大人や子どもの遊び方と、科学やテクノロジーの分野で革新的なことを行なった人が用いた創造プロセスの間に、どんな類似点があるか」に焦点を当て、「発明の陰にある、遊び心あふれる心理的習慣の数々」を検討するという展示である。

展示では、これから数年先のアメリカを次々と見ることができる。直接見に行けない人は、「遊びの中の発明（Invention at Play）」という素晴らしいウェブサイトがあるので、そちらを見ていただきたい（詳細はwww.inventionatplay.org参照）。

◎「右脳ゲーム」

新しく二つの無線ゲームが開発された。右脳主導の能力をテストし、向上させる目的で設計されたものである。

一つはテクモの「右脳ゲーム（Right Brain Game）」で、プレーヤーの右脳・左脳のどちらが優勢かを調べるため、一二のゲームを行なう。本書の出版時点では日本でのみ入手可能だったが、北アメリカとヨーロッパでもじきにリリースされるはずだ（詳細は www.tecmogames.com 参照）。

また、「右脳パラダイス（Right Brain Paradise）」は、「かつてこれほど右脳を刺激するモバイル・ゲームはなかっただろう」と自ら称するゲーム。徐々に難しくなる九段階のゲームをクリアしていくことで、右脳の能力がテストできる（詳細は www.bluelavawireless.com 参照）。

◎遊びの感性を高める「テレビゲーム」

テレビゲームについては知っておく必要がある。絶対に。

もし、ジェリー・ロールとジョイスティックの区別もつかないようなら、ちょっと時間をかけてコンピュータゲームやオンラインゲーム、あるいは、ゲームボーイやプレイステーションなどのゲームについて勉強しよう。自分の子でも近所の子でもいいから、聞いてみるといい。あるいは、ベスト・バイなどの大型家電店へ行けば、たいていはゲーム機が展示されているので、試しに使わせてほしいと頼んでみよう。後悔はしないはずだ。はまってしまうことだってあり得る。

少なくともこれらのゲームから、初めて触れる強烈な言葉づかいや語りのパターン、思考スタイルなどを知ることができるだろう。

この世界をさらに知りたいなら、数あるゲーム雑誌の中からいくつか選んで読んでみるといい（電器店のゲーム機コーナーのそばにも置いてある）。

次のウェブサイトもチェックしてみよう。手引きとしても優れているし、最新のゲームのさわりを体験できるものもある。

▼**Game Spot**――総合的なゲームサイト。一番のおすすめ（詳細は www.gamespot.com）。
▼**Game Talk**――ゲーマーのためのオンラインコミュニティ（詳細は www.gametalk.com）。
▼**Game Zone**――こちらも総合的サイトで、すべてのプラットフォームのゲームに関するニュースやレビューを掲載している（詳細は www.gamezone.com）。
▼**Newsgaming**――ゲームと政治的発言を扱っているサイト。時事問題に関連したゲームを提供している（詳細は www.newsgaming.com）。

▼**Open Directory Project, Video Games**——あらゆる良いゲームサイトやウェブ上でできるオンラインゲームの膨大なリストがある（詳細は dmoz.org/Games/Video_Games/full-index.html）。

▼**There**——「オンライン・ゲートウェイ」を謳っている。サイトの訪問者はゲームのキャラクターとなり、他のプレーヤーとともに素敵な島のような場所を歩き回る。あなたの趣味には合わないかもしれないが、ロールプレイング・ゲームというものを感じ取るという意味では、無料のトライアルをやってみる価値はある（詳細は www.there.com/index.html）。

▼**Wireless Gaming Review**——無線ゲーム、つまり携帯電話やその他の無線装置を使って楽しめるゲームに関する情報が充実している。無料ダウンロードも豊富（詳細は www.wgamer.com）。

▼**Women Gamers**——女性ゲーム愛好者のための最大のインターネット・ポータル・サイト。定期的なゲームレビューと製品の告知、ゲーム業界におけるトレンドについても情報が満載だ（詳細は www.womengamers.com）。

▼**Yahoo! Games**——オンラインゲームの初心者に最適なサイト。バックギャモンやカナスタなどの定番ゲームから「トキトキ・ブーン」まで、ありとあらゆるゲームを、世界中の人たちと一緒に楽しめる（詳細は games.yahoo.com/）。

6 「モノ」よりも「生きがい」

●私たちを突き動かす「最強のエンジン」

一九四二年初冬、ウィーンのオーストリア当局は何百人ものユダヤ人を拘束したが、その中に、ビクトール・フランクルという若い精神科医がいた。

当時、フランクルは、精神的に満足した状態についての新たな理論を提唱し、精神医学の分野で注目され始めていた。

一斉検挙があることを予想していた彼と妻のティリーは、最も重要な所持品を守るためにある工夫をした。そして、警官に踏み込まれる前に、ティリーはビクトールの外套《がいとう》の裏地に、執筆中だった彼の理論の原稿を縫いつけた。後に二人がアウシュビッツに送られたときも、ビクトールはそのコートを着ていた。

強制収容所に到着した日は、どうにかコートを手放さずにすんだが、二日目にはSS（ナチスの部隊員）に無理やり裸にされ、すべての衣類を没収されてしまった。その後、彼が原稿を目にすることはなかった。

それから三年間、フランクルはアウシュビッツ、後にはダッハウで過ごした。彼の妻や兄、そして両親はガス室で殺された。

三年の間に、彼は自らの論文を再現するために、盗んだ紙切れに文章を書き連ねていった。そして、連合軍によって収容所のユダヤ人が解放されてから一年後の一九四六年、くしゃくしゃの紙に書かれていたこの原稿が、二〇世紀で最も衝撃的な不朽の名作、『夜と霧』（みすず書房他）の十台になったのである。

『夜と霧』の中でフランクルは、過酷な労働や残忍な監視人、そして乏しい食事の中で生き延びた様子を物語っている。だが、彼の本は、単なるサバイバル物語にはとどまらない。それは、人間の魂を開く窓であり、意義深い人生を送るための道標でもあるのだ。

フランクルは収容所における自らの体験だけでなく、他の捕虜たちの経験や精神状態を記述し、捕らえられる前から書いていた理論を練り上げていった。

彼は「人間のおもな関心事とは、喜びを得ることでも、痛みを避けることでもなく、自らの人生に意義を見出すことなのである」と言う。

私たちの根底をなす活力、人間を動かす「動機」というエンジンは、「生きがいを追求すること」にある。ギリシャ語で意義を示す「ロゴス」から「ロゴセラピー」と呼ばれるフランクルのアプローチは、急速に心理療法の世界で影響力を及ぼす動きになった。

フランクルらは想像を絶するほどひどい強制収容所の中でさえも、意義と目的を見出そうと努めていた（これは私が好きな一節である。「もうこの世には何も残っていない人間でも、愛する人に思いを馳せることで、ほんの一瞬ではあるが至福を味わうことができる」）。

彼は苦難の中にあっても生きがいを見つけることは可能だと説明している。それどころか、苦しみから生きがいが生まれることさえあるのだ。だが、フランクルは、苦しみは生きがいを見出すための前提条件ではない、という点も強調している。生きがいの追求は、すべての人の中にある活力源であり、外部の状況と内なる意思が組み合わさることで、表に出てくるのだ。

この最後のポイントが、本書、また現代社会との関連におけるカギである。

二一世紀初頭、いくつかの要因が集まり、かつてないスケールで「生きがい」を追求しようとする状況が生まれた。要因の一つは、貧困やその他の社会悪が存在し続ける中、先進諸国のほとんどの人が真の苦しみから解放されたという点だ。第1部2章で述べたが、私たちは豊かな時代に暮らしていて、その生活水準は歴史上、類を見ないほど高い。生き延びるために苦労することから解放され、生きがいの追求に多くの時間をかけられるゆとりもある。フランクルや他の捕虜たちは、アウシュビッツの収容所の中でさえもできたのだから、私たちが快適で豊かな生活の中から生きがいを追求できないはずがないのだ。

他にも要因がある。第1部3章で述べたように、たいへん数の多いベビーブーマー（団塊の世代）世代が人口統計上の重要な段階に差しかかってきていることだ。

典型的なベビーブーマーに残された年数は、これまでの彼らの人生よりも短い。そのため、魂の探求や優先順位の再評価に気持ちを駆り立てられている。テロの恐怖がつきまとう中、命のはかなさを思い知り、人生の目的について疑問を投げかけているのだ。

一方、テクノロジーはたゆまぬ進歩を続け、私たちは大量の情報に混乱し、多様な選択肢のため、身動きできなくなっている。これらの要因すべてが結びつき、生きがいの追求がより可能な状況を生み出した。そして生きがいを見出そうとするその意志こそ、「コンセプトの時代」における六番目の不可欠な資質なのだ。

第1部2章で少し触れたが、ノーベル賞を受賞した経済学者のロバート・ウィリアム・フォーゲルは、「コンセプトの時代」のことを「第四の大覚醒運動」と呼ぶ。彼は、「精神的（または非物質的）な不公正は、現在、物質的な不公正と同じくらい、あるいはそれ以上に重大な問題である」

私たちは喜びではなく、意義を求めるために生まれた。意義で覆い尽くされているのが喜びでない限りは。

——ジェイコブ・ニードルマン

と述べている。彼の言葉は半世紀前のフランクルの言葉とも呼応する。「人々には生きるために十分なものがある。だが、生きる目的がない。彼らには手段はあるが、生きがいがないのだ」

ミシガン大学の高名な政治科学者、ロナルド・イングルハートは、過去四半世紀に、多くの国で世論調査を実施し、その結果の比較を行なってきたが、その結果、同じような切なる思いを感じ取ったという。「世界価値観調査」を行なうたびに、回答者の精神的・非物質的な問題への懸念は高まってきているという。

たとえば、最近の調査では、アメリカ人の五八%が人生の目的や意義について「しばしば考える」と答えている。やや比率は低くはなるが、ドイツ、イギリス、日本でも実質的に同様の回答が得られる。

イングルハートは、先進諸国はその運営原理の緩やかな変化の途中にある、と考えている。それは「『物質主義』的価値観（経済と物理的安全性を至上とした）から、『物質主義後』の価値観（自己表現と生活の質を重視）への緩やかなシフト」である。

アメリカのジャーナリストで、この問題についての深い洞察を示す著作を発表したグレッグ・イースターブルックは、もっと大胆に表わしている。

「物質的欲望から意味的欲望への移行は、何億人もの人々を巻き込み、歴史上類を見ないほどの大きなスケールで進行しており、最終的に私たちの時代で最も重要な文化的発展とみなされることだろう」

「第四の大覚醒運動」「物質主義後の価値観」「意味的欲望」など、呼び方は違っても、結果は同じだ。

仕事においても、人生においても、「生きがい」が最も中心的な側面となったのである。確かに、生きがいの追求は決して容易な仕事ではない。そのためのレシピが載った料理本はないし、袋の中の粉と水と混ぜ合わせれば出来上がる、というものでもない。だが、個人、家族、あるいは企業が意義の追求を始めるための、実用的かつ全体思考的な方法が二つある。

それは、精神性をまじめに考えること、そして、幸福について真剣に考えることである。

●「仏教」と「科学」が目指している同じゴール

最後に舞台に登場したのは、ワイン色のローブをまとい、赤いスニーカーを履いた小柄な男性だった。

舞台の袖から彼が登場すると、観客はみな立ち上がり、静かに尊敬の念を表わした。彼は幸せそうに微笑み、他の出演者に挨拶をし、自分用のアームチェアに座り、足を組んだ。

一三〇〇席あるMITの大学講堂を埋め尽くした聴衆の最後部から、私が目を細めながら見つめていたその男性――ナマステと挨拶するように手を合わせていた俳優のリチャード・ギアや、手を小刻みに揺らしていた女優のゴールディ・ホーンを含め、すべての観客に立ち上がって敬意を表わさせた人――それは、観音菩薩の化身とされるダライ・ラマ一四世、テンジン・ギャツォである。

現在は国外に暮らす、チベット仏教の指導者で、ノーベル賞受賞者でもある彼は、翌日の夕方にはボストンのフリート・センターをおよそ一万三〇〇〇人のファンでいっぱいにした「精神世界のロックスター」と言ってもいい。

ダライ・ラマは、MITで何をしていたのか?

実は「精神の研究」という会議に出席するために訪れていたのだ。二日間の会議では、科学は仏教から何を学ぶことができるか、また、仏教は科学から何を学ぶことができるか、について話し合われた。両日とも、壇上にはいかにも学者ぶった口調の科学者たちと、赤やサフラン色の鮮やかな僧衣をまとった僧侶たちが並んだ。「理性」と「魂」が食事の席で並んでいるような、あるいは一つの脳の右側と左側がちょうど中央で出会ったような光景だった。

一五年前から、ダライ・ラマは、インドのダラムサラにある自宅に科学者を招いている。彼は、脳に関する彼らの研究に興味を持っていたし、科学者たちは、ほとんど超人的な瞑想や精神的超越能力を身につけた人の脳の中身を知りたいと思っていた。

そしてその一五年間に、ウィスコンシン大学のリチャード・デビッドソンをはじめとする科学者たちは、僧侶を対象に第1部1章で私が受けたのと同じようなMRIの検査を行なった。瞑想中の僧侶の脳の画像をとらえ、感情、思いやり、精神的イメージ、その他の認知能力について、新たな洞察を得ようとしたのだ。

もともとは分子生物学者として教育を受けていたマシュー・リカードという僧侶などは、科学論文を読み始め、精神の働き、そしてできれば魂の本質について理解したいと考えた。

私が出席した会議は最初の公開集会で、いわば、お披露目パーティのようなものだった。メイン・イベントの前、集まった報道陣に対し、ダライ・ラマはこう語った。

「科学と仏教とはとてもよく似ています。なぜなら、どちらもリアリティの本質を探ろうとしているからです。そして、どちらも、人類の苦しみを軽減することを目標としているのです」

会議ではたくさんの講演が行なわれ、将来的な研究計画が語られたが、おそらくそれらよりももっと重要なのは、この会議が開かれたという事実である。MITでさえ、精神性を真剣に考えようとしているのだ。

著名な分子生物学者であるエリック・ランダーが語ったように、科学は世界を理解するための方法の一つにすぎない。多くの異なる領域を超えて、精神性は人間の有りようの基盤である、との認識が広がりつつある。精神性とは必ずしも宗教である必要はなく、より広く定義すれば、人生の意義と目的についての関心ということになる。

もちろん私たちの信じる能力――これも宗教的な意味ではなく、私たちよりもさらに大きな何かを信じること――も、脳の中に組み込まれているのかもしれない。驚くにはあたらないが、この能力も右脳にあるようだ。

たとえば、オンタリオ州ローレンシアン大学の神経科学者マイケル・パーシンガーは、「ゴッド・ヘルメット」と呼ばれる装置を使った実験を行なった（少々異論のある実験ではある）。

この実験でパーシンガーは、被験者の頭にヘルメットをかぶせ、右脳半球に弱い電磁放射線を浴びせた。すると、被験者のほとんどが神の存在や宇宙との一体感を感じた、と報告したという。このことからも、精神的・神秘主義的な思想や経験も、神経生理学の研究分野に含まれるのではないかと考えられる。

一方、ペンシルバニア大学のアンドリュー・ニューバーグは、瞑想の果てに宗教的恍惚状態となり、神とつながった感覚を得た状態の修道女たちの脳をスキャンしてみた。

スキャン画像からは、そのような状態の時には、脳内の自意識をつかさどる部位の働きが低下し、そのために何か大きなものとの一体感が得られるのだろうということがわかった。そして、彼らの研究と、その他の研究のおかげで、「神経神学」という、脳と精神的体験との関係を探る新しい分野が生まれた。

カルテック（カリフォルニア工科大学）の神経科学者スティーブン・クオーツは、

「生物組成の研究が進むにつれ、人間は一体感と目的意識を切望する、意義を追求する社会的な生き物であることが、ますます明白になってきた」と述べている。少なくとも、精神性により、私たちの人生が向上することは明らかなのだから、これを真剣に考えるべきなのだ。私たちの多くが物質的ニーズを満たされている（時には過剰に満たされている）時代だからこそ、いっそう精神性の価値が高まっているのかもしれない。

たとえば、ストレス、心疾患、その他いくつかの現代病は、精神を集中させることで和らげられる場合がある。定期的に祈りを捧げる人は、そうでない人と比べると平均して血圧が低いことが、デューク大学の研究からわかった。ジョンズ・ホプキンス大学の研究グループは、礼拝に出席することで、心疾患や自殺、ある種のガンなどで命を落とすリスクを減らせることを発見した。また、他の研究によると、人生の意義や目的を中心的なものと考える女性は、ウイルスやある種のガン細胞を攻撃するタイプの細胞量が多いことがわかった。

また、他の研究では、人生に高い目標があるとの信念により、心臓病のリスクが減ることもわかった。ダートマス大学の研究によれば、開心手術を受けた患者の生存を左右する要因の一

私は人生の究極の目的は、幸福の追求だと信じています。これははっきりしています。宗教を信じていようといまいと、あるいは、どの宗教を信仰していようとも、誰もが人生に何か良いことを見出そうとしているのです。ですから、生きるという行為は、まさに幸福を目指しているのだと思います。

——ダライ・ラマ

つが、患者の信仰と祈りへの依存度だという。また、教会（あるいはモスクやシナゴーグでも）に定期的に通っている人は、そうでない人に比べて、生物学的・行動学的変数を考慮に入れても、長生きする傾向が見られる。

これは議論の余地のある微妙な分野ではある。

一つには、神の力を利用して弱い者を救おうとするペテン師がたくさんいることだ。ただ精神性に頼ることのみでガンと闘い、折れた骨を治そうとすれば、間違いなく悲惨な結果が待っている。だが、全体思考的アプローチ、つまり、「左脳的理性」と「右脳的精神性」を組み合わせたアプローチなら、効果を発揮できることもある。

第1部3章で述べたように、今ではアメリカの医学校の半分以上が精神性と健康に関する授業を設けている。

『ニューズウィーク』誌によれば、「アメリカ人の七二％が信仰について、医師と話し合うことを歓迎している」。これも、患者の「精神面の履歴」を記録する医師が増えてきた理由の一つだろう。信仰に慰めを求めるか、信仰にかかわるコミュニティーの一員であるか、人生にさらに深い意義を見出せるか、といったことを患者に尋ねるのだ。

もちろんこれはデリケートな問題である。デューク大学のハロルド・コーニッグは、『Religion News Service』誌に次のように語った。

「今、私たちは、医師たちが性行為に関する履歴を記録するようにと言われた二〇年前と同じ状況にある」

アメリカの医師の五～一〇％が何らかの形で患者の精神履歴を記録している、とコーニッグは推定している。物語医療と同じように、この精神と健康の融合は、患者を「個々の病気の入れ物」ではなく、「一人の完全な人間として扱う」という、現在の医学界でどんどん広がっているトレンドの一部となっている。

●仕事場にも「精神性」を持ち込んだ企業が伸びる

精神性をもっと深刻にとらえ始めた分野がもう一つある。それはビジネス界だ。

物質主義後の価値観と、私たちの「意義への欲望」の深まりから「コンセプトの時代」が花開いたのだとすれば、私たちの多くが目覚めている時間のほとんどをすごす場所で、この精神性を重視する現象が定着するのも納得がいく。

五年前、南カリフォルニア大学マーシャル・スクール・オブ・ビジネス大学院のアイアン・ミトロフ教授と、コンサルタントのエリザベス・デントンが共同で、『A Spiritual Audit of Corporate America（アメリカ企業の精神性監査）』という報告書を出版した。約一〇〇人の企業幹部から、職場における精神性についてインタビューをした結果、二人は驚くべき結論に達した。

それは、ほとんどの経営幹部がほぼ同じように、精神性とは宗教ではなく、「人生に目的と意義を見出したいと願う基本的欲望」だと定義していたのだ。だが、当然ながら、職場における精神性について語ることで、多様な宗教を信仰している従業員たちの感情を害するのではないかと恐れ、そのような言葉を使うことを控えていたのだそうだ。

その一方で、ミトロフとデントンは、従業員たちが自らの精神的価値を（つまり、一つの側面だけではなく、全体的な一人の人間として）職場に持ち込みたいと切に願っていながら、ためらっていることを発見したのである。

この報告書を読めば、意義と目的を重視する流れは、経営陣のところでせき止められ、一般社員の間には広がってこなかったということが手に取るようにわかるだろう。

だが、ここに重要なポイントがある。もし、この精神性の流れを社内に行き渡らせていたら、会社はもっと良い状態になっていたかもしれないのだ。

ミトロフとデントンはまた、精神性の価値を認め、それを会社の目標に沿った形で取り入れた企業のほうが、そうでない企業に比べて業績が良いことにも気づいた。つまり、職場に精神性を持ち込んでも、企業はその目標からそれていくことはなく、むしろ目標到達に役立つことが多いのである。この考え方を採用する企業が増えるにつれ、ビジネスにおける精神性を重視する動きがさらに見られるようになるだろう。

お金だけでなく、働く意義を与えてほしいと職場に要望する従業員が徐々に増えていくのだ。最近、アメリカで行なわれたある調査によると、成人の五人に三人以上が、精神性を高めることで職場環境を改善できると信じているという。同様に、イギリスのシンクタンク、ローフィー・パークが年に一度行なっている経営調査では、回答者の七〇％が、「より意義のある職場生活を望む」と答えている。そして、ここ何年間かで、「職場の精神性協会」などのグループや、毎年開催される「世界精神性ビジネスカンファレンス」といったイベントが登場してきた。

また、精神性そのものが、ビジネスとして成長し続けていることにも気づかされる。生きがいを追求しようとする人々の「既成の概念を超越したい」という渇望を満たす手助けをする事業である。

第1部2章で紹介した、ロウソク産業のことを思い出してほしい。あるいは、ヨガ・スタジオや聖書関係書店、トヨタ・プリウスからボディショップ（イギリス）の化粧品にいたるまで、さまざまな「グリーン製品」について考えてみよう。

『フォーブス』誌の経験豊富な発行者であるリッチ・カールガードは、これは次のビジネスのサイクルだと言う。最初は一九九〇年代の品質革命。それから、カールガードの言う「安さ革命」が来た。これにより、商品価格は劇的に下がり、世界中の人が携帯電話を持ち、インターネットにアクセスできるようになった。

「さて、次に来るのはなんだろう?」

カールガードは問う。

「生きがい。目的。深い人生経験。どんな言葉を用いてもかまわないが、これらの特質を求める消費者の声が高まっていることは理解してほしい。アブラハム・マズローやビクトール・フランクルの言葉を頭に入れて、そこにビジネスを賭けてみよう」

●「愉快な人生」よりも「良い人生」を

ビクトール・フランクルは、

「幸福は追求できない。それは、何かの結果としてもたらされるものだ」

と述べている。

だが、何からもたらされるのか。

人類は悩むことを始めて以来、ずっとこの問いに悩まされてきた。だが、今ようやく、心理学の世界では何らかの答えが出つつある。

これは、ペンシルバニア大学の教授であり、「ポジティブ心理学」運動の創始者でもある、マーティン・E・P・セリグマン博士の功績によるところが大きい。学究的心理学は、その歴史の大半を、「幸福」以外のあらゆるテーマに費やしてきた。病気、心身の不調、機能障害などは研究したが、人に満足感や達成感を与えるものについてはほとんど目を向けてこなかった。だが、一九九八年にセリグマンが米国心理学会のかじ取りを始めると、心理学界という船はゆっくりと舳先を新たな方向へ向け始めた。

セリグマンの研究と、満足や幸福というものに注目し始めた他の多くの科学者たちによる研究によって、「何が人を幸福にするのか」という秘密が解明され始めたのだ。そして、幸福について真剣に考えるよう、世界中の人々を励ましたのである。

セリグマンによると、幸福はいくつかの要因が絡まり合ってもたらされる。

その一部は生物学的なものだ。私たちは、生まれつき遺伝子に組み込まれた、それぞれに異なる幸福を感じる幅を持っている。その幅の中でも憂鬱《ゆううつ》なほうに偏っている人もいれば、陽気なほうに傾いている人もいる。だが、誰もが、自分の持っている幅の上の部分――幸せのもたらされる場所――に到達する方法を学ぶことができる。

あなたは石の下に隠された、誰か他の人が書いた人生の意義を見つけ出すわけじゃない。自分自身の内側から人生に意義を与えることでしか、それを見出すことはできないのだ。

――作家兼心理療法家、ロバート・ファイアストーン博士――

幸福の要因となるものには、満足のいく仕事に従事すること、ネガティブな出来事や気分を避けること、結婚、豊かな社会的ネットワークを築くことなどがある、とセリグマンは言う。また、感謝の気持ち、許すこと、楽観主義なども同様に重要だ（一方、大して重要でないと思われるのは、お金を得ること、高い教育を受けること、快適な気候の中で暮らすことだという結果が出ている）。

これらの要素を整理すると、セリグマンの言う「愉快な人生」、すなわち過去・現在・未来に関してポジティブな気持ちで満たされた人生を送る助けになるだろう。だが、「愉快な人生」は快楽のはしごの一段に過ぎない。もっと高いところに上れば、セリグマンが「良い人生」と呼ぶ領域があり、そこで自分の「特徴的強み」（自分が得意とするところ）を発揮することで、人生の主要部分において満足感を得られる。そうすれば、スタッド・ターケルが「月曜から金曜の死にそうな仕事」と名づけたような仕事でも、「天職」に変わる。

「天職は仕事の形態としては最も満足度の高い形だ。なぜなら、仕事によってもたらされる物質的利益のためにやるのではなく、仕事そのものがやりたくてやるからだ」

と、セリグマンは言う。

「働く理由の第一は物質的利益にあったが、それも近いうちに、仕事の結果を楽しむことに取って代わられるだろうと、私は予測している」

また、「良い人生」はビジネスにとっても良い。

「幸福が大きければ大きいほど、生産性が高まり収入も増加する」とセリグマンは書いている。ポジティブ心理学をベースとした経営思考を教える学校さえ登場しているほどだ。だが、「良い人生」も究極の到達点ではない。

「人が追求せずにはいられない、第三の幸福の形がある。それは意義の追求《ミーニング》だ。自分の最も得意とすることを知り、それを自分よりも大きな何かのために活かすことだ」

と、セリグマンは述べている。このように考えて自分を超越することは、瞑想する修道女や僧侶がしていることと大して変わらない。豊かさと繁栄のおかげで、より多くの人が意義を追求するようになり、さらに多くの人が意義を追求しようという意思を持つようになると、「意義」が私たちの生活や意識の中心に置かれることになるだろう。

●「迷路」があなたをもっと自由にする

過去一〇年間に最も売れたベストセラー本といえば、『チーズはどこへ消えた？』（扶桑社）という奇妙なタイトルの薄くて小さな本だ。これは寓話の形をとったビジネス本で、世界中で何百万部も売れた。

ヘムとホーという、迷路の中に住むチーズ好きのネズミを主人公にした物語である。

何年もの間、同じ場所にチーズが置いてあったのだが、ある日、二匹が通い慣れたその場所へ行ってみると、大事なチェダーチーズがなくなっていた。きっと誰かが彼らのチーズを動かしたに違いない。チーズを見つけるために、ヘムとホーはそれぞれ違った反応を示す。

いつも不満ばかり言っているヘムは、誰かがチーズをもとの場所に戻してくれるのを待つことにした。一方、不安ながらも現実的に考えることができるホーは、新たなチーズを探すため、あえて迷路の中へ探しに行った。

物語の最後で、ホーはヘムに、問題を解決するには奇跡が起こるのを待つのではなく、行動を起こすべきだ、と説く。そして二匹のネズミは幸せに暮らしました……(少なくとも、またチーズがなくなるまでは)。

この物語の教訓は、変化は不可避であること、そして、変化が発生したときには、嘆き悲しんだり、不平を言ったりするのではなく、変化を受け入れ、対処するのが賢明な策であるということだ。

私は『チーズはどこへ消えた?』のメッセージに反対はしない。だが、この比喩には少々異議がある。「コンセプトの時代」になると、アジアへの仕事の流出やオートメーションのため、いわば、常にチーズが動いているような状態になるかもしれない。だが、今の豊かな時代、私たちはもはや迷宮の中にはいない。迷路、というほうが比喩としては適切だと思う。

迷路も迷宮も、イメージ的には一緒にされることが多いが、意味的には重要な違いがある。迷宮《メイズ》とは区分けされた複雑な道や廊下などの連なりのことで、ほとんどの通路が行き止まりになっている。中に入ったら、脱出することが目的になる――それもできるだけ早く。

一方、迷路《ラビリンス》は、渦巻き状の道を歩くためのものだ。そこに足を踏み入れた人の最終目標は、道に沿って中央まで進み、そこで止まって回れ右して、また戻ってくることである。ずっと自分のペースで歩いてかまわない。

迷宮は解決するための分析パズルだが、迷路は動く瞑想だ。

迷宮では方向感覚が失われるが、迷路は中央に向かっている。

迷宮では道に迷うが、迷路では自分を見失うことがある。

迷宮は左脳を働かせ、迷路は右脳を解放する。

現在、アメリカには公設・私設を含めて、四〇〇〇以上の迷路がある。迷路の人気はどんどん高まっているのだが、その理由は、本章で私が述べてきたこと、そしてこれから述べようとしていることにある。

「アメリカ人の多くが、教会の説教壇の向こうに霊的な体験や慰めを見ている。そんな今の時代だから、迷路を祈りや内省や情緒的癒しへの道筋として見直す人が増えてきているのではないか」と『ニューヨーク・タイムズ』紙は伝えている。

迷路はいたるところにある。スイスの街の中心広場、イギリスの共有緑地、インディアナ州やワシントン州からデンマークにいたる各地の公共の公園、北カリフォルニアの大学、南カリフォルニアの刑務所、マンハッタンのリバーサイド教会、ワシントン・ナショナル大聖堂、アルバニーのメソジスト（長老派）教会、サンノゼのユニテリアン派教会、ヒューストンのシナゴーグなどの祈りを捧げるための場所にもある。

迷路は病院やその他の医療施設にも作られ始めている。たとえば、ボルチモアのジョンズ・ホプキンス大学にあるベイビュー・メディカル・センター（上の写真）がその一つだ。

つい先日のある朝、私はここの迷路を歩いてみた。縦一一センチ、横一三センチの四角いレンガで作られているものだ。八つの同心円が同じサイズの白いレンガで描かれていて、直径六一センチほどの中央のスペースの周りを取り囲んでいる。

外側の縁には「創造」「信仰」「知恵」「信念」という言葉が一つずつ刻まれたレンガがある。訪れた人の多くが、これらの言葉から一つを選び、瞑想するときのマントラ（呪文）のように唱えながら、中央へと円を描いて進んで行く。

私はこの迷路を左回りに歩き始め、一回目を歩き終えた。あたりを見回すと片側にはメディカル・センターの建物がいくつか見え、もう一方には駐車場があった。何も超越した感じなどなかった。ただ円の周りを歩いている、という感覚しかなかった。

そこで私はもう一度歩いてみた。気が散らないように、下を見ながら進んだ。視線を目の前の道を形作る二本の曲線に集中させ、できるだけゆっくりと歩き始めた。線が私を取り巻いているように感じられる。しばらく歩くうちに、長く退屈な道をドライブしているような気分になってきた。もうあまり意識を集中する必要もなくなり、私の精神は別世界へと滑り込んでいく。

迷路には、思いもよらない鎮静効果があった。たぶん想像がつくと思うが、これは第2部3章の絵画教室や、前章の「笑いクラブ」の時と同じような体験である。私の左脳思考を封じ込めてしまったのである。

「迷路は右脳を解放する」

と、ジョンズ・ホプキンス大学の迷路をデザイン制作したデビッド・トルツマンは言う。

「左脳が通路を歩くという行為を論理的に進める間、右脳は自由に創造的な思考をめぐらすことができる」

私たちは、スピリチュアルな道の上に立つ人間なのではなく、人間の道の上に立つスピリチュアルな存在なのです。

――監督教会派司祭であり迷路の開拓者、ローレン・アートレス博士文化として「迷路」を取り上げた最大の功労者が、ローレン・アートレス博士だ。サンフランシスコの監督教会派のグレース大聖堂教会の司祭である彼女は、数年前、フランスのシャルトル大聖堂を訪れた。聖堂の正面入り口には、直径一二・八メートルの迷路が刻まれている。ただし、彼女が訪れるまでの二五〇年間、迷路はたくさんのイスで埋め尽くされたまま、使われることがなかった。アートレスはイスを動かし、その迷路を歩いてみた。そして、このコンセプトをアメリカに持ち帰ったのである。

彼女はグレース大聖堂にも二つの有名な迷路を作った。それから「ヴェリディタス」という組織を設立し、教会や各種団体向けトレーニングやラビリンス・キットの提供を行なっている。

「私たちは非常に左脳寄りの世界に住んでいる……そして、二一世紀の試練を切り抜けるためには、このもう一つの世界を完全に統合しなくてはならない」

アートレスはそう述べている。迷路に足を踏み入れた人は、「直線的だった意識を非直線的に変え」、「自分の中の深く直観的な様式の部分」を表層に浮かび上がらせる。これは迷路に入ったときの経験とは異なっている、と言う。

「問題解決のために『自分が望んでやる』といった感覚ではなく、今までの自分という存在とはまったく違う部分へと入って行く体験なのだ」

迷路の典型的な形も意義深い。

「円というのは、完全性や単一性の原型である。だから、迷路の中に足を踏み入れると、自分の人生全体が見え始めるのだ」

現在、約四〇の病院や医療センターに迷路がある。その理由は、共感や物語が医療の世界に浸透したのと同じだ。

治療における分析的アプローチは絶対に必要ではあるが、必ずしもそれだけでは十分ではない、という認識が広がっている。かつては、ニューエイジの奇妙な奴らがわいわい騒いでいる、といった程度のものと片づけられていたアプローチが、実は患者の治癒に役立つとわかってきたのである。このような全体思考が、世界で最も優れた医療施設の一つ、ジョンズ・ホプキンス大学の迷路を生み出したのだ。

これを計画した人たちは、患者やその家族、そして医療スタッフが「身体的、精神的にリラックスできる場所」を求めて訪れるようにしたいと考えた。どうやらそれは、うまくいっているようだ。迷路のそばには変色した黄色い二冊のノートが置かれ、迷路を歩き終えた人たちが思いを書き込めるようになっている。この二冊のノートが、迷路が訪れる人に慰めと意義の感覚を与えていることを証明している。

医師や看護師たちも、辛く苦しい経験をした後でここを訪れたと書き記している。手術を受ける患者の家族は、ここで祈り、考え、気を紛らしたとつづっている。そして、ノートの中には、患者本人が記した感動的な物語もある。私が訪れる数日前に書かれた文章を、そのまま紹介する。

私はこの迷路を歩き、このノートに書き記したすべての人の魂と一緒になった。

私にとって、一週間前のこの日に受けた手術は、新しい人生の始まりだ。私がこの迷路を歩きながら心に念じた言葉は「信じる」だった。

私は新しい未来を信じる。

もちろん、迷路が世界を救ってくれるわけではない。私が本書で述べた六つのセンスだって同じだ。

「情報の時代」から「コンセプトの時代」へ移行し、「左脳主導思考」から「右脳主導思考」の一つへと視野を変え、論理や分析を好む傾向に、芸術や情緒的能力をつけ加えるのは簡単なことではないだろう。

やりがいがあって簡単な仕事などほとんどない。だが、そのこと自身が大事なことなのかもしれない。

ビクトール・フランクルは、「理想的な人生とは、恐怖を抱えながらチーズを追い求めるようなものではない」ということを私たちに伝えたかったのではないだろうか。

むしろ人生とは迷路の上を歩くのに似ている。そこでは旅すること自体が、目的なのだ。

まとめ――「意義」に関する備忘録

◎効果抜群の「ありがとうの訪問」

感謝は効果的だ。感謝の気持ちがあると幸福感が増し、自分の存在意義をより深く実感させてくれる。マーティン・セリグマンが（彼の功績については本章ですでに述べた）「感謝の訪問をせよ」と主張しているのも、このためである。

こんなふうにやってみるといい。

まず、これまで、親切に、あるいは寛大に接してもらったのに、きちんと感謝の気持ちを伝えたことがない人物を思い浮かべる。その人宛てに、なぜ感謝しているのかを具体的な言葉で説明した「感謝の手紙」を書く。それからその人を訪ね、手紙を声に出して読む。セリグマンによると、このやり方はとても大きな効果を発揮するという。

「『感謝の訪問』をするときは、みんな泣きますね。感謝するほうにとってもされるほうにとっても、感動的なことなのです」

セリグマンの研究でも、数が増えつつあるポジティブ心理学の研究者が行なった研究でも、感謝は個人の幸福にとってのキーとなる要素であることがわかる。過去に特定の物事に対して感謝した経験のある人は、苦々しい失望ではなく、甘美な勝利感とともに暮らすことができるので、現状に、より満足している傾向がある。セリグマンは、「感謝の訪問」は、「ポジティブな記憶の強さや持続期間や頻度を増す」ために非常に効果的な方法であると述べている。

感謝の訪問を試してみる理由の一つは、それが相手にも同じ思いを伝えるはずみになるからである。たいていの場合、感謝の気持ちを伝えられた人は、自分が人生の中で感謝を伝えたことのない相手について考え始める。そして、自分でも「感謝の訪問」をすることになる。こうして新たに感謝された人も同じ気持ちになり、結局、感謝と満足の輪が広がっていくのだ。

この方法のバリエーションとして、「誕生日の感謝リスト」と「一日一回の感謝」がある。「誕生日の感謝リスト」は単純明快だ。年に一度、誕生日に、あなたがありがたいと感じているものをリストアップする。リストにあげる項目は、自分の年齢と同じにすること（私が四〇歳になった時の感謝リストには、「赤ワイン」から「子どもたちが健康で自由な国に住んでいること」まで、ありとあらゆる項目が並んでいた）。

あなたのリストは毎年一つずつ多くなっていくことだろう。これは、年を取れば取るほど、感謝することは増えていく、という理屈である。リストは保存しておいて、毎年、誕生日に見直してみる。すると、満足感が得られ、年を取ることに対する不安が和らぐ。

「一日一回の感謝」は、感謝の思いを日常生活に織り込むための方法だ。

毎日決まった時間に、ありがたいと思ったことは何かと考える。夜、ベッドに入る前でも、いつも決まってやることとあわせて行なってもいい。たとえば、朝のコーヒーを飲みながら、ベッドメーキングをしながら、あるいは一日で初めて外に出るときでもいいだろう。

これらの「感謝のエクササイズ」は、やや大げさだと感じる人もいるだろうが、とにかく一度試してほしい。きっと私に感謝したくなるはずだ！

◎「九〇歳になった自分」の姿を思い描く

平均寿命はどんどん延びている。私たちの多くが九〇代まで生きることになるだろう。三〇分ほどかけて、九〇歳になった自分の姿を思い描き、頭を九〇歳の自分に切り替えて考えてみよう。

そこから眺めるあなたの人生は、どんなふうに見えるだろうか。あなたは何を達成したのだろう？　あなたは何に貢献したのだろう？　後悔していることは何か？

これは決して簡単なエクササイズではない。知性面においても情緒面においても。だが、このエクササイズは計り知れないほど有益だ。

そして、ビクトール・フランクルが述べたこんな難しい（逆説的な）課題をやり遂げる助けになるだろう。

「あたかもお前が、今、二度目の人生を生きており、一度目の人生では、お前が今、まさにしようとしているのと同じあやまちばかり犯して来たかのように生きよ」

◎「20－10テスト」

これは、『ビジョナリーカンパニー2』（日経BP社）というベストセラーの著者、ジム・コリンズから聞いたエクササイズだ。コリンズは、自分の人生――特に仕事――を見つめるようにすすめ、もし、自分の銀行口座に二〇〇〇万ドル（二〇億円以上）あり、しかも、あと一〇年も生きられないとしたら、今やっていることをやり続けるだろうかと自問してみなさい、と言う。

たとえば、もしあなたが何の条件もなく二〇〇〇万ドルの遺産を相続したら、今と同じような毎日を送るだろうか？　もし長くても一〇年しか生きられないとしたら、それでも今の仕事を続けるだろうか？　もし答えが「ノー」なら、それがあなたに何かを語りかけているはずだ。当然ながら、このテストだけではあなたの人生のコースを定めることはできない。だが、アプローチは効果的だし、答えは明快だ。

◎自分の「精神性」を測る

私は調査の過程で、「意義」に関連する性質や能力を測定できる二つの自己評価法を知った。どちらの手法も、私が定義するような表現の難しい「意義」を的確に測定するツールではないが、どちらもおもしろく、役に立つので、やってみる価値はあるだろう。

一つ目はメリーランド州ロヨラ大学のラルフ・ピードモント博士が開発したもので、彼は、これを「精神超越性スケール」と呼んでいる。これまでのポートフォリオの中で説明した、他の評価システムとよく似ている。一連の質問に答え、その回答に基づいてスコアを計算するというものだ。ピードモントは、

「ST（精神超越性）の高い人は、人生にはもっと大きな計画や意義、人間の存在を超えた何かがあると信じている。反対に低い人は、人生の物質的側面への関心のほうが強く、今現在、人生が与えてくれる以上に大きな意義が人生にあるとは考えないようだ」

と述べている（詳細は www.evergreen.loyola.edu/~rpiedmont/STSR.htm 参照）。

もう一つの自己診断テストは、「コア精神体験インデックス」と呼ばれるもので、マサチューセッツ州レスリー大学のジェレド・カス博士が開発した。あなたの精神的経験と全体的な幸福感を測定し、これら二つがどのように交わっているかを評価する。私もやってみたが、

「あなたは健全な幸福感の持ち主ですが、精神性がその強い要因にはなっていないようです」

との結果が出た。

繰り返しになるが、このテストが自己診断のすべて、というわけではない。だが、幸福感を

得るために、精神性がどれだけ重要な役割を果たしているかを知る助けにはなる（詳細は www.tinyurl.com/5sz7u 参照）。

◎「迷路」を歩いてみる

私も瞑想をやってみたが、うまくできなかった。ヨガならどうかと考えたが、それほど柔軟ではない（少なくとも身体的には）。だが、迷路には驚くほど集中することができた。あまりにもはまってしまい、いつか自宅の裏庭に一つ作ろうかと考えているほどだ。

集中力が長く続かない、じっと座っていることができないという私にとって、迷路の良いところは、動かなくてはならない点だ。そして動きながら瞑想すると心が落ち着き、集中できる。迷路について知るには、項末のウェブサイトから始めるといい。

また、迷路についてさらに知りたい人には、次の二つの本をおすすめする。

一つはローレン・アートレスによる『Walking a Sacred Path（神聖な道を歩む）』、もう一つは、ドイツ人写真家ジャーゲン・ホーマスによる『Labyrinths and Mazes（迷路と迷宮）』だ。

迷路の魅力にすっかりとりつかれてしまった人には、いろいろな種類のポータブルな迷路や迷路制作キットもある。これらの製品を取り扱うウェブサイトの中でも特に良いのがLabyrinth Company（www.labyrinthcompany.com）だ。

この会社は、私が歩いてみたジョンズ・ホプキンス大学の迷路もデザインしている。自宅の庭の芝に同心円の道を描くのはまだちょっと……と思う人には、指でたどる木製の「指用迷路」もある。手のひらサイズ、あるいはひざに乗せられる大きさで、盤面に刻まれた溝を指でたどることで迷路を「歩く」というわけだ。家やオフィスの中でもできるし、妙に心が落ち着く（詳細は www.relax4life.com 参照）。

◎「生きがい」を考える6冊の本

人生の「意義」についての本をすすめるのは難しい。世界中の優れた文学作品や宗教文献などの多くは、「意義とは何か」、また「それを見出すにはどうすればいいか」といったテーマを扱っている。

そういうわけで、ここに紹介した本は、優れた小説や聖句の類を並べたものではない。他に、イエスの「山上の垂訓」やトーラー（モーセ五書）、コーランの一節などを読んでみてもいいだろう。だが、「意義」について、宗教とは関係のない現代の規範的ガイドを読みたいのであれば、次にあげる本がおすすめだ。

▼**『夜と霧』**（ビクトール・フランクル著、みすず書房他）――あなたが読む本の中で、最も重要な一

冊になるはず。

▼**『世界でひとつだけの幸せ：ポジティブ心理学が教えてくれる満ち足りた人生』**（マーティン・セリグマン著、アスペクト）――この本を読み、その教訓を取り入れている人が少ないことに私は驚いた。ポジティブ心理学の入門書として最適だし、発見したことを生活に活かしていくために役立つ多彩なエクササイズも紹介されている（詳細はwww.authentichappiness.org参照）。

▼**『フロー体験：喜びの現象学』**（ミハイ・チクセントミハイ著、世界思想社）――「フロー体験」とは、ある活動にあまりにも夢中になりすぎて、時間や場所の感覚を失ってしまうことだ。これは「意義」の資質の大切な構成要素である。この本があなたのガイドとなる。

▼**『このつまらない仕事を辞めたら、僕の人生は変わるのだろうか？』**（ポー・ブロンソン著、アスペクト）――誰もが自分自身にこう問いかけたことがあるだろう。そして、ブロンソンのこの本を読んだ多くのアメリカ人がそう自問した。感動的で元気づけられる、洞察に満ちた物語とともに、ブロンソンが戻ってきた。

▼**『心はマインド……「やわらかく」生きるために』**（エレン・ランガー著、フォー・ユー）――ハーバード大学教授であるランガーは、多くの人が知らず知らずに人生につまずいてしまう、と言う。私たちは決まりごとにとらわれるあまり、周囲の状況に気づかない。このようなものの見方をやめることが、創造性と意義へ通じる道となるのだと、ランガーは説いている。

▼**『ダライ・ラマ　こころの育て方』**（ダライ・ラマ一四世、ハワード・C・カトラー著、求龍堂）―

――ダライ・ラマが医師であるカトラーを訪問した際のインタビューで、ダライ・ラマの人生哲学が説明されており、また、「人生の最大の目的は幸福の追求である」とする彼の考えが展開されている。また、これに関連した二冊も素晴らしい。『The Art of Happiness at Work』も、ダライ・ラマとカトラーの共作で、仏教における幸福の原理を職場へと展開している。『なぜ人は破壊的な感情を持つのか』(ダライ・ラマ、ダニエル・ゴールマン著、アーティストハウスパブリッシャーズ)は、二〇〇〇年に開催された「精神と人生会議」の際に行なわれた、ダライ・ラマとダニエル・ゴールマンによる「科学に関する対談」で、非常に魅力的な内容である。

◎迷路についてのウェブサイト

▼The Wcrldwide Labyrinth Locator(www.labyrinthsociety.org)――都市名と国名を入れると一番近くの迷路の場所を知ることができる。

▼The Labyrinth Society(www.labyrinthsociety.org)――TLSとして知られるグループが運営するサイトで、迷路に関する情報が非常に豊富。このサイトにも短い迷路リストがあり、仮想迷路体験もいくつか用意されている。

▼Labyrinthos(www.labyrinthos.net)――迷路に関するあらゆる情報を集めたイギリス版資料センターで、イギリス国内の迷路に関する優れた情報源である。

〈あとがき〉これからの成功者と脱落者を分ける3つの「自問」

いろいろと説明してきたが、読者のみなさんが、書き手である私と同じくらいに、この本を楽しんでいただけたとしたら、とてもうれしい。

では、「コンセプトの時代」を迎える準備をするみなさんへ、いくつかの考えをお伝えしてお別れすることにしよう。第1部の3章で説明したが、あなたの未来は次の三つの問いに対する答えによって決まる。新しい時代には、一人ひとりが自分の仕事を注意深く見つめ、次のことを問う必要がある。

① この仕事は、他の国ならもっと安くやれるだろうか?

② この仕事は、コンピュータならもっと速くやれるだろうか?

③ 自分が提供しているものは、豊かな時代の非物質的で超越した欲望を満足させられるだろうか?

この三つの質問は、成功者と脱落者とを分ける指標である。

海外のコストの安い労働者にはこなせず、コンピュータが人よりも速く処理できないような仕事に集中し、繁栄の時代の美的・情緒的・精神的要求に応えられる個人や組織が成功することになる。

この三つの問いを無視する人は苦しむことになるだろう。

私が本書の原稿を書き上げたころから、二つの経済学者のグループが、本書の核心となるアイデアを支持する内容の研究を行なっている。

ダラス連邦銀行のW・マイケル・コックスとリチャード・アルムが一〇年間の雇用データを調べた結果、最も増加が大きかったのは、「スキルがあり高いEQ（こころの知能指数）」を要求される職業（たとえば有資格看護師）と、「イマジネーションとクリエイティビティ」を求められる職業（たとえばデザイナー）だった。

MITのフランク・レヴィとハーバード大学のリチャード・マーネインは、『The New Division of Labor: How Computers Are Creating the Next Job Market（新しい分業：コンピュータのつくり出す次の世代の雇用について）』という本を出版した。その中で二人は、コンピュータがルーチン・ワークを消し去ろうとしている、と議論している。デスクトップパソコンの登場と、業務の機械化によって、人間の技能の中で二つのカテゴリーの価値が高まった、と彼らは言う。

一つ目は、「エキスパート思考（決まった解決策が存在しない新しい問題を解決すること）」、もう一つは、「複雑なコミュニケーション（説得、説明、その他の方法で情報についての特定の解釈を伝えること）」だ。

「コンセプトの時代」の幕は開きつつあり、生き延びるためには私が説明してきたようなハイ・コンセプト、ハイ・タッチな能力を身につけねばならないことは、明らかである。

この状況には「展望」と「危険」が入り混じっている。

「展望」は、「コンセプトの時代」の仕事が、とても大衆的なものになるということだ。何も新しい携帯電話をデザインしたり、再生可能エネルギー資源を発見したりする必要はない。発明家や芸術家、起業家のための仕事だけではなく、カウンセラーやマッサージ・セラピスト、教員、スタイリスト、才能豊かなセールスマンなど、想像力と情緒知能の必要な仕事は実にたくさんある。さらに、本書の中で明確にしたかったのは、あなたに必要な六つの能力――デザイン、物語、調和、共感、遊び、生きがい――は、本来、人間に備わった資質であるということだ。誰もが持っているものであり、必要なのは磨きをかけることだけなのだ。

一方、「危険」とは、世界が恐ろしく速いペースで変わっていることだ。コンピュータもネットワークも、日々速さを増し、相互につながりあっていく。中国とインドは経済大国になりつつある。先進国における物質的豊かさは増え続けている。つまり、早くシフトできた人が、最も大きな利益を得ることになる。

完全な全体思考を身につけた人、ハイ・コンセプト、ハイ・タッチな能力をマスターできた人は、大成功を収めるだろう。

だが、残りの人——シフトが遅いか、まったくしない人——はチャンスを逃すか、悪くすると苦しむことになるかもしれない。

選択肢はあなたの手中にある。

この新しい時代はチャンスで輝いて見えるが、動きの遅い人や頑固な人には過酷な時代だ。

本書が、あなたにインスピレーションと、人生の旅に必要なツールを与えることができたとしたら、うれしい。ぜひ、読者の体験をお聞かせいただきたい。おすすめの物語や体験があったら、教えていただければ幸いである。連絡は、dhp@danpink.com まで。

ともかく、読んでくださってありがとう。アートとハートの時代での幸運をお祈りします！


アメリカ・ワシントンDCにて——**ダニエル・H・ピンク**

ハイ・コンセプト
「新《あたら》しいこと」を考《かんが》え出《だ》す人《ひと》の時代《じだい》

著　　者——ダニエル・ピンク
訳　　者——大前研一（おおまえ・けんいち）
発 行 者——押鐘太陽
発 行 所——株式会社三笠書房
〒102-0072 東京都千代田区飯田橋3-3-1
電話：(03)5226-5734（営業部）
：(03)5226-5731（編集部）
http://www.mikasashobo.co.jp
印　　刷——誠宏印刷
製　　本——若林製本工場

ISBN978-4-8379-5666-2 C0030